선방에서 만난 하나님

선방에서 만난 하나님

2012년 5월 30일 초판 1쇄 펴냄
2013년 9월 25일 초판 2쇄 펴냄

펴낸곳 (주)도서출판 **삼인**

지은이 성소은
펴낸이 신길순
부사장 홍승권
편집 김종진 김하얀
교정 서정혜
미술제작 강미혜
마케팅 한광영
총무 정상희

등록 1996.9.16 제 10-1338호
주소 121-837 서울시 서대문구 연희동 220-55 북산빌딩 1층
전화 (02) 322-1845
팩스 (02) 322-1846
전자우편 saminbooks@naver.com

제판 스크린그래픽센터
인쇄 영프린팅
제책 쌍용제책

ⓒ 성소은, 2012

ISBN 978-89-6436-045-3 03200

값 13,000원

선방에서 만난 하나님

성소은 지음

삼인

그리스도인이면서도
딸의 출가수행을 묵묵히 지켜봐 주신 부모님과,
영적 여행에서 든든한 길라잡이가 되어 주신
오강남 교수님께 이 책을 바칩니다.

추천하는 글

기독교와 불교의 아름다운 만남

오강남
캐나다 리자이나대학 비교종교학과 명예교수

이 시대를 위한 화두는 무엇일까? 뭐니 뭐니 해도 '평화', 특히 종교 간의 평화다. 스위스 신학자 한스 큉Hans Küng의 말처럼 종교 간의 평화 없이는 세계의 평화가 있을 수 없기 때문이다. 2011년 9월 16일은 필자에게 특별한 날이다. 이날 불교와 기독교가 평화스럽게 어울릴 때 어떤 일이 이루어질 수 있는가를 몸소 보여준 한 치열한 구도자를 만났기 때문이다.

그 만남은 서울 성공회 강당에서 있은 필자의 강연회에서 이루어졌다. 강연 중간 휴게 시간에 필자가 의자에 앉아 혼자 쉬고 있는데 이 책의 저자 성소은 님이 필자에게 다가와 거의 바닥에 무릎을 꿇다시피 몸을 낮추고, "저는 선생님의 『예수는 없다』를 읽고 출가수행을 하게 되었습니다"라고 속삭이듯 말했다. 필자는 '출가수행을 하게 되었다'는 말을 '앞으로 출가수행을 할 계획'이라는 말로 이해했다.

필자의 책을 읽고 종교를 보는 눈이 바뀌었다거나 교회를 바꾸었다거나 교회에 다시 나가게 되었다거나 하는 말은 가끔씩 들었지만, 출가하겠다는 말을 들은 것은 처음이었다. 필자는 놀라면서, "출가하는 것은 보통 일이 아니니 좀 심각하게 숙고하는 것이 좋지 않을까요?" 하는 식으로 얼버무리며 더 이상 긴 이야기 없이 헤어졌다.

그 후 얼마 지나 인터넷 서핑을 하다가 성소은 님의 블로그 '녹명글방'에 실려 있는 본인의 자서전적 수행기, 『선방에서 만난 하나님』을 읽어 보게 되었다. 출가수행할 예정이 아니라 이미 몇 해 전에 출가수행을 경험하고 환속한 상태라는 것, 출가수행한 경험을 다른 사람들과 나누기 위해 책을 쓰기로 하고 이미 원고를 탈고한 상태라는 것을 발견하고 놀랐다. 더욱 놀란 것은 일본 도쿄대학 대학원에 다니면서도 도쿄 시내 번화가에서 길 가는 일본인을 상대로 복음성가를 부르며 노방전도를 할 정도로 열성적이던 근본주의 기독교인이 성공회 교인이 되고, 결국은 출가하여 비구니 스님이 되는데, 필자의 책이 그 길을 트는 데 결정적 역할을 했다는 것이다. 뿐만 아니라 필자의 다른 책들도 그의 수행 과정 단계마다 일종의 길라잡이가 되어 주었다고 하는 고백을 접하는 것도 놀라운 일이었다.

그 뒤 저자를 만났을 때, 그는 비록 강의실에서 필자의 강의를 직접 듣지는 못했어도 이처럼 오랜 세월 필자의 책이 그에게 스승의 역할을 해 주었기에 필자의 제자로 여겨 주십사 청했다. 필자는 감히 이 청을 받아들이기로 하고 이를 기념하기 위한 선물로 소은昭恩이라는 본래 이름에 덧붙여 소은素銀이라는 이름을 하나 더 지어 주었다. 온갖 물질적, 정신적 독성으로 찌든 이 세상에서 '순수한 은덩어리'가 되어 이런 독성을 해독해 주는 사람이었으면 하는 바람이 깃든 이름인 셈이다.

필자에게는 지극히 아끼고 사랑하는 또 다른 제자가 있다. 2001년 필자가 서울대학교 대학원 종교학과에 와서 가르칠 때 만난 제자로서, 지금은 미국에서 박사학위를 받고 귀국한 후 의젓한 교수로서 모교 서울대학교에서 종교학을 가르치고 있는 성해영 교수이다. 작년에는 그와 함께 종교에 대해 대담한 것을 녹취하여 『종교, 이제는 깨달음이다』(북성재, 2011)라는 책을 내기도 했다. 공교롭게도 두 제자가 같은 성成씨 성을 가지고 있고, 나이와 학문적 관심도 비슷하여 필자에게는, 누가 말한 것처럼, 좌청룡우백호와 같이 든든한 제자들을 얻게 된 셈이다. 학계에서 평생을 보낸 필자로서는 이런 제자들을 두게 된 것이 더할 나위 없이 큰 행운이 아닐 수 없다. 이 둘이 이번 각자의 책을 필자에게 헌정하겠다고 하니 이것 역시 지극히 영광스러운 일이라 생각하고 고마워한다.

지금 한국의 경우 불교와 기독교가 대화와 협력 관계라기보다 오히려 독백과 적대 관계라는 것이 어쩔 수 없는 현실이다. 그러나 여기 이 책의 저자는 불교 기독교 간의 이런 부정적인 관계가 불가피한 현실이 아니라는 것, 두 종교가 화합하고 협력할 때 아름다운 결과를 가져다준다는 것을 그의 생생한 수행기를 통해 몸소 보여주고 있다.

미국의 종교철학자 존 던 John S. Dunne 은 오늘날 우리가 감행해야 할 정신적 모험은 "한 문화에서 다른 문화로, 한 생활양식에서 다른 생활양식으로, 한 종교에서 다른 종교로 넘어가 봄 passing over"을 통해 "새로운 안목을 가지고 자신의 문화, 자신의 생활양식, 자신의 종교로 되돌아 옴 coming back"을 경험하는 것이라고 했다. 이 책은 기독교인이 선불교를 만나 불교로 넘어가 봄으로써 어떤 변증법적 성숙을 이루게 되었는가 하는 것을 실증적으로 밝혀 주고 있다.

저자 성소은 님은 환속 후 '녹명鹿鳴'이란 필명으로 블로그 '녹명 글방'을 운영하고 있다. 녹명이란 '사슴의 울음소리'를 뜻한다. 사슴은 들에서 먹이를 찾았을 때 '우-우' 소리를 내며 다른 사슴들을 불러 먹이를 나눈다고 한다. 이 책은 저자가 기독교 신앙과 불교 수행을 통해 얻은 삶의 지혜와 통찰을 독자들과 나누려는 그 첫 번째 '녹명'인 셈이다.

부디 많은 독자들이 이 책을 통해 한국에서 기독교와 불교가 한 영혼의 삶에 아름다운 조화를 이룰 때 그것이 어떻게 그의 삶을 자유롭고 풍요롭게 하는지 더욱 구체적으로 실감할 수 있는 기회를 얻게 되기 바란다.

차례

추천하는 글 _ 기독교와 불교의 아름다운 만남 _ 오강남   7
프롤로그 _ 성소은, 클라라, 광우 스님, 그리고 다시 '성소은'   16

1 :: 나는 순복음 교인이었다

날개 단 일본어   25
주저 없이 떠나서 만난 사람들   32
도쿄 유학, 할렐루야!   38

2 :: 진정한 회개, 메타노이아

빛나는 나날   47
방황   55
묻지 마 투표, 묻지 마 신앙   62
'그런' 예수는 없다   68

3 :: 하나님과 하느님

성경 말씀이 화두로   79
태어난 이유, 스바다르마   85
도마복음이 말하는 예수   92
수행을 만나다   98

4 :: 수행은 특별한 것이 아니다

1박 2일 성지순례   107
하버드에서 화계사까지 온 현각 스님   121
참선, 나와 하나님을 보여주는 거울   128
12월 24일, 화계사 철야 삼천 배   136

5 :: 인생 방학

몰래 수행 프로젝트　147
너의 경전을 써라　154
쉬는 법　161
여름 안거　168

6 :: 선방에서 만난 하나님

부처를 만나면 부처를 죽여라　179
커밍아웃　185
동안거와 삼위일체　193
출가를 결심하다　198
행자 생활　207

7 :: 스님 광우

삭발하는 날 217
미국행, 숭산 대선사의 발자취를 찾아서 222
서양에서 꽃피운 선불교 231
운문사 광주리에 들어간 감자 238

8 :: 환속, 다시 세상 속으로

나는 누구인가 253
깨달음 이후의 빨랫감 261
自有와 自由 270
비에 젖은 종이는 내려놓고 학만 날아간다 275

에필로그 _ "사이좋게 지내심이 옳습니다" 280

부록 1 기고문 _ 선방에서 만난 하나님 290
부록 2 함께 읽으면 좋은 책 295

프롤로그

성소은, 클라라, 광우 스님, 그리고 다시 '성소은'

'진짜 나'는 누구인가?

초등학교 4학년 때 엄마 손에 이끌려 처음 하나님을 알게 되었다. 교회는 사탕과 과자를 손에 쥐어 주며 나를 반갑게 맞아 주었다. 그런데 얼마 지나지 않아 나더러 죄인이란다. 그것도 태어날 때부터. 인간에게는 원죄라는 것이 있어 예수님이 아니고서는 이 생래적 죄를 용서받을 수 없다고, 못도 박았다. 그렇게 나는 사과 대신 사탕이 목에 걸려 죄인이 되고 말았다. 그때가 10살이었다.

어린 죄인은 바로 주일학교에 등록을 하고 성가대의 일원이 되었다. 어떻게든 죄 사함을 받아야 했다. 이때부터 일요일은 '주일'이 되었다. 주일은 죄인이 구원받아 천국으로 가는 계단이자 사다리이다. 주일에 교회를 가지 않으면 사다리가 한 칸씩 빠져나가 천국은 요원해진다고 했다. 있어서는 안 되는 일이다. 그 뒤로 20여 년간 주의 날을 생명처럼 여기면서 나는 착하고 모범적인 주님의 딸로 성장했다.

한때는 의심도 의문도 없이 무작정 믿는 '믿음'으로 잘 나갔다. 굳이 촌스럽게 구하는 기도를 하지 않아도 머리털까지 세시는 하나님이 오죽 알아서 잘해 주실까 하는 믿음만으로도 승승장구하던 시절을 보냈다. 역시 하나님은 살아 계시며 주무시지도 않고 나를 지키고 계신다고 철석같이 믿었다. 내게 이로우니 남에게도 권해야 했다.

교회에 다니지 않는 '불쌍한 영혼'들을 위해 기도했다. 복음성가를 부르며 노방전도에 열을 올렸다. 그것도 도쿄 시내 한복판에서 방황하는 일본 영혼들에게 영어와 일본어로 천국행을 외쳤다. 필 받으면 꽤나 간절해지기도 했다. 남을 위해 이렇게까지 순수한 마음을 가질 수 있게 되다니……. 스스로 의아해하며 더욱 목소리를 높였다. 이스라엘로, 중동으로 선교를 떠나는 우리 기독청년들을 충분히 이해하고도 남았다. '성령 충만'하면 물불 못 가린다. 눈 감고 부르짖으니 설상가상으로 뵈는 게 없었다.

오직 예수? 오직 마음!

겉으로는 모범적인 신앙인의 모습이었지만 깊은 속마음은 그다지 순수한 것만도 아니었다. 이타심보다는 구원받지 못하고 지옥에 갈 불신자들을 대하며 영적 우월감에 취해 있었다고 고백하는 것이 옳다. 옛날 옛적의 순수했던 첫 마음은 사라지고 신앙은 점점 나의 안위와 세속적 성공을 위한 도구로 전락했다. 처음 마음은 저버리고 내 욕심을 채우기 위한 '오직 예수'만을 고집했다. 예수님을 닮고자 하기보다 예수님의 도움을 받고자 하는 오직 예수였다. 이런 열정이 착하고 충성된 종의 일이라 믿었다. 어디쯤 온 것일까? 만취한 취기에서 깨어나듯 심한 두통이 엄습해 왔다.

타인은커녕 자신도 구원하지 못하고 널브러져 있는 '나'를 보아야 했다. 낯선 내가 미망(迷妄)에 취해 있는 나를 흔들어 깨웠다. 나는 무엇인가? 이게 구원받은 모습인가? 이미 내 것인 양 아는 체했던 구원의 실체가 잡히질 않았다. 구원이 무엇인가? 천국은 또 무슨 말인가? 질문은 꼬리를 물었다. 아무리 애를 써도 덮어놓고 믿어 왔던 그 믿음은 답을 주지 못했다. 무기력한 믿음이었다. 물음 덩어리는 고통이 되어 눈덩이처럼 커져 갔다. 절박한 심경이 되어 성경을 폈다.

"진리를 알지니, 진리가 너희를 자유하게 하리라."

요한복음 8장 32절 말씀이 섬광처럼 눈에 들어왔다. 비록 늦었지만 이제라도 내팽겨진 채로 묻혀 있던 온갖 질문들과 삶의 문제를 해결하고 자유를 얻고 싶었다. 진리가 무엇인지만 알면 얽힌 실타래가 풀리듯 모든 것이 명료해질 것 같았다. 나를 거리로 내몰던 '성령' 대신 안으로 '진리'라는 뜨거운 화두를 품게 된 것이다.

예수님을 믿되 이제는 '눈을 뜨고, 깨어서' 믿어야 했다. 지금까지 나를 무지하게 하는 가짜 예수가 아닌 또 다른 예수, 진정한 하나님을 만나야 했다. 그래서 교회 문을 나왔다. 좋은 학교, 좋은 직장, 좋은 배우자를 제공하는 자본주의 하나님이 아니라 나의 존재와 삶에 대한 바른 이해로 자유하게 하는 하나님을 찾아야만 했다.

진리와 자유라는 보물을 찾고자 길을 나섰고 그 노정에서 지금까지 알지 못했던 다양한 종교를 만날 수 있었다. 천국에 이르는 길은 '오직 예수'라는 일차선 일방통행로가 아니었다. 우리 하나님은 빨간 십자가 탑 아래에만 계시는 것이 아니라 도처에 있는 유비쿼터스^{ubiquitous} 하나님이셨다.

여행 방문지가 바뀔 때마다 새로운 티켓을 발급받았다. 출발지는 순복음교회였고 차표는 '교인 성소은'이다. 첫 방문지인 이웃 나라 성공회에서는 '클라라'라는 승차표를 얻었고, 선불교국에서는 '광우 스님'이라는 비싼 차표를 사야 했다. 여행의 끝자락에서 오매불망 찾아 헤매던 진리의 땅, 자유의 나라를 볼 수 있었다. 역시 성경은 거짓말이 아니었다. 진리와 자유는 유토피아가 아닌 실존 그 자체였다. 여행을 마치고 집에 돌아온 나는 '새로운 성소은'이 되었다.

이 책은 불교의 탯줄을 받고 태어나 기독교의 흰 우유를 먹으며 자라난 뒤 영적 코즈모폴리턴^{cosmopolitan}이 된 나의 간증이다. 낳아

준 어머니의 젖과 길러 준 어머니의 이유식은 내가 어른이 되어 두 부모님을 함께 섬길 수 있도록 든든한 밑거름이 되었다. 낳은 정과 기른 정에 우열이 있을 수 없듯이, 이제는 두 분을 다 사랑한다.

그리고 이제 전도는 안 한다. 아니 못한다. 타자는 전도의 대상이 아니라 이미 선한 이웃이자 동반자이기 때문이다. 늦게나마 깨달았다. 그래서 노트북을 열었다. 둘째가라면 서운해 할 기독교 근본주의자였던 내가 어떻게 성공회교회를 찾고, 급기야는 선불교를 만나 출가까지 하게 되었는지. 그리고 왜 다시 환속했는지를 고백하고자 한다.

교회가 아닌 참선하는 선방에서 만난 하나님을 소개하고 싶었다. 죄의식 대신 자유를 주시고, 천국과 지옥으로 위협하는 하나님이 아니라 지금 이 자리에서 천국의 주인이 되게 하시는 착한 하나님을 간증해야 했다.

승복 입고 하나님 운운하면 아무도 안 들어 줄 것 같아 회색 옷을 벗었다. 삭발했던 머리도 길렀다. 부족하지만 '거듭난 크리스쳔'으로 사랑하는 나의 형제자매들에게 권면하고자 함이다. 장사치 하나님이 아닌 내 안에도, 그리고 두두물물頭頭物物 우주에도 편만해 우리가 자유하기를 소망하는 하나님께 함께 기도하자고……

나를 돌아보고자 3년 동안 여행했고, 돌아온 지 3년이 지났다. 이제는 말할 수 있다. 삶의 주인공으로서 나를 찾는 여행과 하나님을 찾는 여행이 얼마나 즐거웠는지, 얼마나 신나는 모험이었는지를. 담장 하나만 벗어나면 상상하지 못했던 멋진 신세계가 펼쳐져 있다는 것을 이야기하고 싶다. 나의 여행에 '옆자리'로 모시고 싶은 분들이 있다. 하나님을 사랑하는 한국인 크리스천 길벗들이며, 참선과 명상 수행에 관심이 있는 도반들이며, 종교와 무관하게 '나'를 돌아보고 변화된 삶을 원하는 이웃들이며, 종교로 갈등하는 성도들이며, 출세하고 싶은 친구들이다.

    이 글을 쓰기까지 크게 빚진 분들이 있다. 『예수는 없다』의 저자 오강남 교수님과 현각 스님이다. 이 자리를 빌려 지극하게 삼배를 올린다. 이정표를 잃고 헤매고 있을 때 빛이 되어 주신 분들이다. 나로 하여금 진정한 회개로 무릎 꿇게 한 것은 안타깝게도 수십 년간 들어왔던 설교가 아니라 교통사고처럼 맞닥뜨린 한 권의 책이었다. 그 뒤로 내 삶을 원격 조종하신 오강남 교수님, 한 번도 직접 뵌 적이 없었지만 지금은 누구보다 귀하고 소중한 인연으로 곁에 계신 분이다. 교수님의 연구와 깊은 사유에 나는 그저 책을 펼치는 수고로 수많은 기쁨과 해방을 누리며 살고 있다. 평생을 헌신하신 노력에 매번 무임승차하고 있음을 고백하지 않을 수 없다.

    현각 스님은 내게 수행의 문을 열어 주신, 나의 영적 아버지이다. 목말라하던 나의 갈증을 알아보시고 그때그때 생수를 건네주고 바른 수행을 할 수 있도록 인도해 주셨다. 바쁜 일정 중에도 언제나 세심하게 챙겨 주신 스님의 자비심에 깊이 감사드린다. 기독교와 선불교를 아우르는 스님의 수행력은 거침없는 법문으로 걸러져 많은 사람들의 심금을 울리고 마음을 깨우고 있다. 한국과 유럽을 잇는 회향回向에 날이 갈수록 빛이 더해지기를 기원한다.

마지막으로 원고를 책으로 엮어 주신 삼인출판사 홍승권 부사장님께 감사드린다. 부끄러운 고백을 아름답게 회향할 수 있도록 길을 내어 주신 은혜에 보답할 수 있으면 좋겠다.

"형제님 자매님, 아직도 하나님을 믿거나 혹은 믿지 않는 가족 때문에 고민하는 분들께 '전도용'으로 활용해 주시기 바랍니다."

덧붙여 그동안 교회 신앙 안에서 아낌없는 우정과 사랑을 베풀어 주신 도쿄 순복음교회 이영훈 목사님과 신성남 목사님 그리고 교우 여러분, 여의도 순복음교회 예루살렘성가대, 성공회교회 니콜라성가대 교우님들께 감사드린다. 그간의 따뜻한 친교가 있었기에 멋진 하나님과 동행할 수 있었다.

이 책을 통해 새롭게 만나는 교우님들과 길벗님들과도 반갑게 인사 나누고 싶다. 머무는 곳이 어디든 그곳에서 참나를 만나고 하나님 사랑 안에서 자유하기를 손 모아 기도드린다.

2012년 5월
성소은 손 모음

#1

나는
순복음 교인
이었다

날개 단 일본어

고등학생 시절 예쁜 미대생을 꿈꾸며 그림을 그렸다. 여러 도구가 있었지만 동양화 붓을 쥐고 있는 시간이 많았다. 동양화의 거칠지 않은 색감과 은은함에 마음이 끌렸다. 동양화는 기다림에 익숙해야 한다. 조급하게 덧칠하면 그림을 망치고 만다. 물 머금은 한지가 마르기를 기다렸다가 먹과 물의 농도를 달리해 차이를 만들고, 그 뒤로 또 기다려야 한다. 단번에 선명한 경계를 만들지 않고 한참 후에나 다소곳이 제 색을 드러낸다. 나는 이런 동양화가 참 좋았다.

붓을 놓게 되리라고는 생각지도 못했다. 그런데 어느 날부터인가 집안에 이상한 기운이 감돌기 시작했다. 건설업을 하셨던 아버지의 사업이 연달아 부도를 맞았다고 한다. 고2가 끝나갈 무렵이었다. 자동차와 기사 아저씨가 안 보이더니 집도 없어졌다. 고3을 어떻게 보냈는지 잘 기억이 나지 않는다. 그림을 포기했고 화실 대신 한동안

나는 순복음 교인이었다

독서실을 오갔다. 주로 일기를 썼고, 한 가지 결심을 했다.

하고 싶은 것을 못한다면 그냥 가는 대학, 시집 잘 가기 위한 대학은 안 가겠다고. 열심히 다녔던 교회 덕분일까 부모님이 원망스럽다는 생각은 하지 않았다. 그런 마음이 있다는 것도 몰랐다. 부모님 또한 힘든 시간을 보내고 계실 테니 내 문제는 내가 해결해야 한다는 일념이었다. "엄마, 아빠 저 대학에 안 가겠습니다. 제 방식대로 당당하게 살아 보겠습니다. 믿어 주세요"라고 일방적으로 진학 포기 선언을 했다. 마음을 정하고 나니 오히려 힘이 났다.

이때부터 캔디 모드로 나 자신을 바꾸었다. "외로워도 슬퍼도 나는 안 울어. 참고 참고 또 참지 울긴 왜 울어~." 관점이 바뀌고 나니 만화 속 주인공처럼 노래하고 웃음 지으며 초록 들판을 가로지를 수 있었다. 그뿐이 아니다. 캔디처럼 내게도 머지않아 '테리우스'가 나타날 것이다. 알 수 없는 미래의 다른 이름은 기다림이자 설렘이다.

졸업과 함께 일본어 공부를 시작했다. 누구나 하는 영어 대신 일본어를 선택했다. 바쁘지도 않으면서 새벽반을 다녔다. 이른 아침에 달랑 한 시간 수업을 듣고 나면 나머지 온종일은 복습밖에 할 게 없다. 한글과는 달리 가나かな의 마침표는 도넛처럼 가운데가 텅 비어 있다. 문장 끄트머리마다 꼭꼭 찍혀 있는 동그랑땡까지 외워졌다. 사정이 이렇다 보니 처음 배운 남의 나라 말이 낯설지가 않았다. 재미가 있으니 잘도 했다.

그렇게 손에 닿은 '니혼고日本語'는 새 지평을 여는 문이 되었다. 많은 수호천사를 만나게 하고, 나라 사이 종교 사이의 경계를 허물게 하는 요술 방망이가 되었다. 이런 우회 덕분일까 나는 겉멋을 좇아 철없이 캠퍼스를 오갔을 '이라이자' 대신 캔디 역을 맡을 수 있었다. 지난했으나 주인공이다. 메르세데스 소사가 나를 대신해 주제곡 〈Gracias a la vida!인생이여, 고마워요!〉를 불러 주었다. 삶에 감사, 주께 감사다.

일본어에 빠져 있던 어느 날 지하철 안에서 일본어 책을 펴 놓고 있었다. 그런데 한 할아버지가 험상궂은 표정으로 내 앞으로 다가오더니 대뜸 욕을 하시는 거다. 깜짝 놀라 정확하게 기억나지 않지만 왜놈 글을 왜 공부 하느냐는 꾸지람이었다. 혹독한 일제강점기를 온몸으로 겪은 어른이니 그러실 만하다고 받아들였다.

지금이야 관광 무비자로 동방신기와 소지섭을 찾아 주중 주말 구분할 것 없이 한류 단체 여행객들이 몰려오고 있다. 덕분에 동네 목욕탕에서도 일본 아줌마를 마주하게 되고, 재패니메이션을 버젓이 극장에서 감상할 수 있는 세상이 되었다. 하지만 당시는 일본 문화가 개방되기 전이었고, 일본어를 배울 수 있는 사설학원 또한 일반화되지 않았었다. 불과 몇 년 사이 손바닥 뒤집듯 급 친해진 요즈음의 한류 붐이 신기하고 흥미롭다.

대학 진학 대용으로 익힌 일본어는 모든 여정에 감초가 되었다. 이듬해 첫 직장을 갖게 되었다. 문교부(현 교육과학기술부) 사회국제교육국 교육협력과에 입사했다. 광화문 정부종합청사 18층에 위치한 이 방은 당시 교과부 내에서 재외국민교육과와 더불어 유일하게 해외업무를 담당하는 부서였다. 자연스럽게 일본과 상관된 업무를 접하고 외국인들을 만나게 되었다. 해외여행이 자유화되기 전이었다.

어린 나이이고 말단직이었지만, 일본어를 잘하는 밝고 적극적인 새내기가 윗분들에게는 예쁘게 비쳤던가 보다. 조언과 조력을 아끼지 않으셨던 상사들이 여러 분 계셨다. 또래 친구들이 대학에 들어가 더러는 연애하고, 더러는 민주화운동으로 열정을 쏟을 때, 나는 정부 중앙부처 한가운데서 공직의 기능과 공무公務의 의미를 배우고 있었다.

이때부터 '누구나 하는' 영어에도 눈길을 주기 시작했다. 코리아헤럴드 영어학원에 등록을 하고 퇴근 후에 회화 공부를 시작했다. 회화 수업이야 몇 개월이 지나면 실력이 느는 건지 아닌지 모호해지게 마련이다. 하지만 발음만큼은 자신감을 갖게 한 계기가 되었다. 회화 시간인지 음성학 시간인지 구분이 안 될 정도로 유난히 발음을 강조하셨던 강사분 덕분에 짧은 영어나마 '자연스러운' 발음을 익힐 수 있었다. 그 뒤로 남자 친구랑 헤어지거나 고민이 생겼을 때 피난처 삼아 몇 날이고 책상에 붙어 앉아 영어 단어를 외우곤 했다. 일찍부터 이런저런 형태로 외국인을 접했던 것이 자연스럽게 외국어를 구사할 수 있는 토양이 된 듯하다.

주경야독을 하던 1991년 해외공관 근무 기회가 주어졌다. 주오

사카 한국총영사관 공보문화원으로 파견 발령, 23살에 관용여권을 들고 일본어의 본고장으로 날아갔다. 처음 타는 비행기였고, 처음 가는 외국이었다. 안정적인 신분으로 시작된 해외생활이었기에 부모님도 마음을 놓으셨다. 공관 근무를 하면서 몇 가지 인식을 새롭게 할 수 있었다. 남의 나라에서 대를 이어 살고 있는 재일교포들의 존재와 공산당만큼이나 단골 악역으로 캐스팅되어 왔던 일본 사람에 대한 반전된 이미지를 목격했다. 웬수 중의 웬수, 천하에 나쁜 나라였던 일본의 '착한' 면을 보게 된 것이다.

이 나이가 되도록 '이웃 집'에 대해서, 그곳에서 세대를 이어가며 사는 '우리 사람들'의 현실에 대해서 아무것도 모르고 있었던 무지가 부끄러웠고, 나를 이렇게 만든 치우친 공교육이 원망스러웠다. '당연한 것'이 당연한 것이 아닐 수 있다는 첫 깨달음이었다. 문어체였던 일본어를 구어체로 현지화 할 수 있는 경험도 덤으로 얻었다.

출국할 때 부모님은 무엇보다 건강과 흔들리지 않는 신앙생활을 당부하셨다. 일본은 수십만 우상이 창궐하는 곳이니 각별히 조심해야 한다고 목사님까지 겁을 주셨다. 모를 때는 제일 비싼 물건을 사면 실수가 없다는 평소 엄마의 지론을 믿고, 현지에서 제일 유명하고 큰 교회를 찾아갔다. 순복음교회였다. 그곳은 뜨거웠다. 나는 섬처럼 따로 마련된 성가대석의 한 자리를 차지하고 성실하게 주일마다 주님을 찬양했다.

공무와 신앙생활이 자리를 잡아 갔고 태평무사한 날들이 이어졌다. 늘어난 십일조를 헌금할 수 있어 기뻤고, 부모님께 아기자기한 일본을 보여 드릴 수 있어 뿌듯했다. 출국할 때 챙겨 왔던 벽걸이가 있었다. '오직 예수, 오직 감사', 오직이라는 두 음절이 좀 야박한 듯 했으나 좋은 게 좋은 거라 믿으며 벽걸이가 시키는 대로 살았다.

주일 한인교회 예배에는 빠지지 않는 기도가 있다. 비자 응답 기도이다. 한인교회를 구성하고 있는 사람들은 크게 네 부류로 나뉜다. 유학생, 주재원, 현지인과 결혼한 한국인 영주권자, 그리고 불법 체류자다.(개인적으로는 오버 스테이 over-stay 라는 표현을 선호한다. 좀 더 살면 어떤가?) 교회 안에서 수적으로 큰 비율을 차지하고 있는 층은 '생계형 입국자'들이었고, 가장 '뜨거운' 신앙생활을 하는 분들도 이분들이다.

함께 성가대 활동을 하면서 교우의 정을 나누었던 예쁜 언니들과 남자 집사님들 상당수가 밤낮 구분 없이 일하며 '간절한' 삶을 사시는 분들이었다. 20대 초반의 나는 이런 언니, 아저씨들의 삶을 보면서 많은 것들을 생각하고 배워야 했다. 한참 어린 동생임에도 불구하고 언제나 정중하고 따뜻하게 대해 주셨다.

나라면 감당할 수 있을까? 생계를 위해 벼랑 끝까지 내몰린 상황에서도 웃음을 잃지 않고 남을 배려하던 분들의 미소가 지금도 생생하다. 아무리 캔디라도 쉽게 자신할 수 없는 대목이다. 목사님의 설교 말씀보다 옆에 앉아 있는 삶의 고수들을 목격하면서 더 많이 감동하고 스스로를 돌아보며 옷매무새를 바로잡아야 했다.

세상에는 참으로 다양한 삶이 있음을, 그리고 배움의 길이나 소속된 곳의 간판이 사람을 대변하지 못한다는 사실도 알 수 있었다. 한참 아랫것임에도 '좋은 직장'에 몸담고 있다는 것 하나로 부러운 시선을 받는 것이 불편하고 죄스러웠다. 인생 1교시, 겸손을 배우는 시간이었다.

주저 없이 떠나서 만난 사람들

어느 주말 오후였다. 인기척이라곤 없고 대신 들고양이와 까마귀 울음소리만 가까워졌다 멀어졌다를 반복하던 오사카의 한 주택가 스미요시. 설핏 낮잠에서 깨어난 나는 불현듯 알 수 없는 위기감에 휘청했다. 시공時空과 존재에 대한 낯설음이 엉겨 붙어 이상한 나라의 앨리스가 된 듯한 당혹감이 몰려왔다.

'이게 뭐지?'

숨 쉬고 있는 나를 보는 또 다른 내가 있었다. '현실을 바라보는 나'는 계속 질문을 해 온다. 지금 이 순간 멈춘 듯 흐르는 나의 존재에 대한 생경함이 꼬리를 이어갔다.

캔디 모드로 살면서 모토로 삼았던 일신 우 일신日新又日新이 정상 운영되지 않고 정지된 느낌이었다. 모든 것이 너무 온전해서인가, 생생한 실감이 없고 굳어져 가는 것만 같아 싫었다. 무사안일에서 오는 위기감을 떨치고자 사표를 내고 귀국을 단행했다. 지금 생각해 보면 아찔하다. 겁도 없이 어찌 그리 쉽게 변화를 선택할 수 있었는지. 젊음이 무기라는 말, 맞다.

서울에서 느긋하게 운전면허 시험을 준비하면서 지내다가 어느 주말 여고 단짝 모임에 나갔다. 4명 중 가장 취향이 비슷했던 친구 주옥이로부터 일본 대사관에서 공개채용이 있다는 정보를 얻었다. 취직을 서두를 계획은 없었지만 듣는 순간 이것은 나를 위한 기회라는 확신이 들었다. 바로 일간지에 난 기사 내용을 확인해 보았다. 이럴 수가, 오늘이 마감이다. 대사관에 전화를 걸었다. 사정을 이야기하니 내일 오전까지 접수하면 받아주겠다는 친절한 답을 들을 수 있었다. 전화 받으신 분의 재량이었다.

다음 날 아침 아슬아슬하게 이력서를 제출하고 1차 서류심사, 2차 필기시험을 치렀다. 3차 일본어 구술면접을 거치고 나니 한 달이 지났다. 언제나 결과 발표는 전화로 이루어졌다. 나중에 안 일이지만 이것 역시 선별 기준에 포함된 주요 항목이었단다. 가족들의 전화 응대 에티켓을 보는 것이다. 티 안 나게 치밀하게 준비하는 일본인답다. 결과는 합격이었다. 헤드헌터를 통해 한 명, 공개채용을 통해 한 명, 후자가 나였다.

입사 후 면접관이었던 일분문화원장 오가와 고타로 상, 오오노 이쿠히코 일등서기관, 내 응시원서를 받아준 은인 김연기 선배에 이어, 20대 후반의 젊고 잘생긴 마루야마 코헤이 삼등서기관이 합세

나는
순복음 교인
이었다

하여 우리는 놀라운 팀워크를 구현했다. 이분들은 나중에 자칭 '오빠회'를 결성해 나의 든든한 후원자가 되어 주었다.

근무를 시작한 지 얼마 지나지 않아 한일 정상회담이 결정되었다. 한국은 김영삼 대통령, 일본은 55년 자민당 체제에 최초로 브레이크를 건 호소카와 총리대신이었다. 아쉽게도 새 연립정권을 길게 유지하지는 못했지만 잠시나마 노후한 일본 정치의 이미지를 벗고 참신한 인상으로 국내외에 반향을 일으켰던 인물이다.

보도자료 준비와 프레스를 담당해야 했던 문화원은 일정이 잡히는 날부터 잇달아 야근에, 한국 정부와 각종 의전과 절차를 조율하느라 번갯불에 콩 튀기는 날들이 계속되었다. 다행히도 야근 후에는 관용차로 집 앞까지 안전한 도착을 보장해 주었기에 깜깜한 밤길 걱정 없이 편안히 일할 수 있었다. 몇몇 직원들은 대문 밖에서 귀가를 기다리시던 부모님과 인사를 나누면서 아는 사이가 되기도 했고, 급기야는 엄마 산産 김치가 오가는 가족적 분위기를 연출하기에 이르렀다. 어쩔 수 없이 왜놈 말을 익혔고 그 후유증으로 지금까지도 다마네기와 쓰메끼리가 양파와 손톱깎이를 대신하고 있지만, 그런 부모님도 자상한 일본인 동료들을 좋아하셨다.

핸섬한 꽃 중년 오가와 고타로 상은 한국을 참 좋아했다. 무엇보다 일본 여인네들에 비해 자기주장이 확실한 한국 여성을 향한 예찬은 노골적이었다. 도쿄대학 법대 졸업에 유도로 다져진 체격의 오가와 상은 외무성 내 프랑스 전문가이고 불어를 제일 잘 구사했다.

다음이 영어, 마지막이 모국어인 일본어다. 기관장임에도 불구하고 다들 모여 이야기를 나눌 때면 '어눌한' 일본어 솜씨로 인간적인 면모를 보이며 좌중을 웃게 하곤 했다. 모두 한패가 되어 문화원장을 놀리는 재미는 언제나 감칠 맛 나는 일이었다.

오오노 이쿠히코 상은 특이한 이력의 소유자다. 일본에서도 유명한 무사시노 미술대학에서 미술사를 전공하고, 한국에 외국인 유학생이 있을까 말까 하는 시대에 서울대학교 미술대학에서 박사과정을 수료했다. 이후 한국 정부 문화공보부(지금의 문화체육관광부)에서 외국인 스태프로 근무하다가 일본 외무성으로 편입된, 관료 같지 않은 관료, 세련되고 능력 있는 외교관이다. 속삶의 아름다움을 추구하고, 인간의 성스러움과 야만스러움의 차이가 어디에서 오는지를 고민하던 따뜻한 사람이다. 결국에는 그의 고민이 내게도 옮겨와 각자 풀어야 하는 과제를 공유하게 되었다.

오오노 상은 특유의 섬세한 예술적 감각과 냉철함으로 내가 모르는 나를 꺼내어 마주하게 해 주었다. 귀인이 있다면 이런 사람이 아닐까? 늦게나마 소중했던 인연의 가치를 되새겨 본다. 오오노 상의 귀국 송별회는 인간미 넘치는 그와의 이별을 아쉬워하는 각계의 인사들로 하얏트호텔 그랜드볼룸이 붐볐다. 정년 후에는 한국의 시골 어딘가에서 고아원을 짓고 살고 싶다는 말을 입버릇처럼 하곤 했다. 이 사람 정말 일본 사람 맞아?

마루야마 코헤이 상은 일본 외대를 나와 외무고시를 통과하고 외교관이 되어 한국에서 연수를 받은 정통 한국 전문가다. 뛰어난 한국어 실력에, 디카프리오를 연상시키는 외모, 최신 가요를 줄줄이 꿰고 있는 감각으로 서울살이를 풍미했던 일본의 엄친아다. 마루야마 상은 여러 업무 중 양국 정상회담 때 이루어지는 동시통역도 맡고 있었다. 공식 행사가 끝나고 나면 우리는 9시 뉴스 화면을 지켜보면서 앞에 계신 두 분보다 '뒤에 앉은' 우리들의 주인공을 화제로 후속 한일회담을 이어가곤 했다. 뭐니 뭐니 해도 뒷담화가 최고다.

김연기 선배님은 문화원에 장기 근속하시던 얼마 안 되는 한국인 직원이다. 기관과 한국을 잇는 가교 역할을 오랫동안 하셨고, 특유의 소탈함과 털털함으로 일본인 스태프들의 각별한 신뢰를 받고 있었다. 내가 입사하고 얼마 안 되어 대사관을 그만두고 양국 교류에 관련된 사업을 시작하셨다. 그 뒤로는 모두의 직업이 '돌아다니는' 일이다 보니 자주 보지 못하고 소식을 전해 듣고 전해 주는 유연한 관계가 되었다.

나는 일본 대사관에 입사한 후, 외무성의 한국 전문가 그룹인 '서울클럽' 회원들에게서 한국의 대중문화를 전수받았다. 환영회 때 처음 마셔 본 폭탄주, 야근 후 스트레스 해소용으로 마주한 삼겹살과 소주, 전통 한정식집 순례, 철야 정진으로 이어진 와인 담화 등 한국과 일본에 대한 저마다의 경험과 외교 현장의 여러 뒷이야기들을 안주 삼아 기분 좋은 취기를 이어갔다.

떠올릴 때마다 가슴 아련해지는 인생 2교시, 행복의 계절이다. 국적이나 언어의 차이를 초월해 소통의 힘을 체험하던 시절이었다. 사람과 사람의 깊은 공감이 얼마나 큰일을 해낼 수 있는지, 그런 일이 개인의 기쁨과 보람을 넘어 어떻게 사회에 선善 기능으로 작용하는지를 보고 만질 수 있었다. 뜻을 함께하는 사람들을 병풍 삼아 일하고, 느끼고, 전진할 수 있었던 것은 분명 축복이었다.

그런데 새로운 선택을 해야 하는 시기가 왔다. 언젠가는 김이 빠질 샴페인에 취해 이곳에 머무를 것인가, 아니면 새로운 도전을 할 것인가. 그럭저럭 '가오'는 서는 안정된 직장에 머물면서 결혼하자는 사람에게 수줍은 척 끄덕끄덕하고 그냥 살아? 그런데 이건 경부선처럼 앞이 훤히 내다보이는 예측 가능한 코스였다. 고개가 갸우뚱거렸다. 그동안 미루어 두었던 대학 진학을 하고 싶어졌다. 공부할 수 있는 마지막 기회였다. 고민은 오래가지 않았다. 이번에는 결혼을 뒤로 미루어 두었다. 좀 더 내 삶의 오너드라이버가 되기로 했다. 곧바로 유학에 대한 열정을 구체화하기 시작했다.

'그래 더 큰일을 하고, 더 넓은 세상을 보기 위해 공부를 하는 거다. 이제는 내 발로 현해탄을 건너자!'

도쿄 유학, 할렐루야!

대학 진학 포기에 이어 부모님께 두 번째 선언을 했다.
"저 도쿄로 유학가고 싶습니다. 공부할 수 있는 마지막 기회라는 생각이 듭니다. 단 재수는 안 할 겁니다. 딱 한 번 도전해서 되면 하고, 안 되면 엄마가 원하시는 대로 따르겠습니다. 다시 한 번만 믿어 주세요."

엄마는 끝까지 들으시더니 난처한 표정으로 말씀하신다.
"결혼도 해야 할 나이고, 그 좋은 직장도 그만두고 꼭 그래야 하는 거니?"

말씀은 그리하셔도 한다면 하는 애라는 것을 누구보다 잘 아시는 분들이기에 침묵으로 켜켜이 올라오는 아쉬움과 불안감을 삼키셨다.

허락이다. 몇 년 전 대학 진학을 포기한 뒤 나의 선택이 부모님 보시기에 좋으셨던가 보다. 승낙을 받을 수 있었다. 또 한 번 나의 결정을 믿어 주셨다.

드디어 '오빠회'가 전격 가동되었다. 서울 근무를 마치고 모두 가스미가세키(일본의 관청가)에 있는 외무성 본성으로 귀국해 있었다. 나의 입시 준비를 위해 정규 교과서와 교재를 공수해 주었고, 학교 선정에서부터 원서 제출까지 모든 과정을 대행해 주었다. 나의 손이 되고 발이 되어 주었다. 대학은 게이오나 릿쿄 혹은 일본의 오죠상(양갓집 규수)들이 다닌다는 도쿄여자대학, 셋 중 하나가 적합하다는 의견이었다. 결과는 기대 이상이었다. 게이오대학과 릿쿄대학 1차 합격, 도쿄여대는 입학금과 수업료를 면제해 준다는 조건의 합격통보였다. 릿쿄와 도쿄여대는 통일시험* 외에 2차 소논문 시험과 3차 면접이 있었다.

릿쿄대학 최종 발표가 있는 날이었다.

"따르릉~."

전화벨이 울렸다. 도쿄에서 날아올 뉴스를 기다리고 있던 나는 직감적으로 국제전화 벨소리임을 알아차렸다.

"여보세요?"

● 정식 명칭은 '사비외국인 유학생 통일시험'으로 일본의 대학 등에 입학을 희망하는 외국인 유학생에 대하여 일본어 능력과 기초 수학능력을 평가할 목적으로 실시되는 시험이다. 2002년부터는 기존의 일본어능력시험과 통일시험이 일본유학시험 Examination for Japanese University Admission for International Students으로 통합되어 해마다 2회 실시되고 있다.

수화기를 들자 우리나라 애국가가 흘러나왔다.

"동해~물과 백두산이 마르고 닳도록 하느님이 보우~하사 우리나라 만세!"

"소우나, 오메데또우! 얏따요!(소은아, 축하해! 해냈어!)"

해냈다. 합격했다는 축하 전화였다.

낙찰은 140년 전통의 영국성공회 미션스쿨인 릿쿄대학이다. 도쿄여대가 오죠상들의 학교라면, 릿쿄대학은 오봇짱(양갓집 도련님) 학교라는 이미지로 정평이 나 있다고 했다. 난 처음 들어 본 학교였다. 한겨울에도 짧은 반바지 차림의 회색 교복을 고수하는 릿쿄 소학교부터 중학교, 고등학교, 대학교까지 연결되는 사립명문교다. 릿쿄대학을 꿈꾸는 일본 아줌마들의 대입 열전은 릿쿄 소학교 입학 경쟁에서부터 시작된다.

오빠회는 한국을 곧잘 '우리나라'로 부르곤 했다. 좋은 일이 있으면 '역시 우리나라야', 안 좋은 일이 있으면 '우리나라 왜 이래' 하는 식이다. 당연히 자기네 나라는 '쪽빠리'다. 한국 사람이 부르듯. 우리 사이에는 국경도 없었고 묵은 감정도 없었다. 깊은 이해는 벽을 허물고 사랑이라는 성을 쌓는다.

나의 합격을 모두가 자기 일처럼 기뻐해 주었다. 그날 저녁 도쿄도 주민인 오빠회 멤버들은 난리가 났다. 내게는 전화로 폭죽을 올려 주고 자기네들끼리 아카사카에 있는 한국 식당에 둘러앉아 '간빠이(건배)'를 연발하며 릿쿄대 합격을 기뻐해 주었다. 우리는 다 같이 홍콩으로 '소은이 대입 합격 축하 여행'을 떠났다. 대가도 없이 그저 힘이 되고 함께 나누고자 하는 사람들, 오빠회의 순수하고 아름다운 사랑 덕분에 공부할 수 있었다고 믿는다. 이 고마움을 무엇으로 다 갚아야 할지 새로운 과제를 안은 채 차오르는 기쁨을 만끽했다.

1995년 4월 초, 릿쿄대학교 법학부 법학과에 입학했다. 입학식은 기미가요 대신 오케스트라가 연주하는 헨델의 할렐루야가 울려 퍼지고, 성장盛裝을 한 성공회 주교와 총장이 줄지어 입장하면서 막을 열었다. 성스러운 분위기였다. 입학식이라기보다는 장엄한 미사를 드리는 듯했다. 절로 기도가 나왔다. 대학 진학을 포기해야 했던 몇 년 전이 생각났다. 이렇게 꿈이 이루어질 줄이야……. 눈물이 났다. 하나님이 짜 놓은 완벽한 타임 스케줄은 생각할수록 놀라웠다. 가장 좋은 때에, 가장 좋은 방법으로 그의 일을 하신다는 믿음을 공고히 하면서 마침내 대학생이 되었다. 오빠회는 릿쿄대학교 로고가 새겨진 노란색 넥타이를 매고 2층 강당에 앉아 있었다.

입학 후 나는 캠퍼스 안에 있는 미첼관이라는 여자 기숙사에 들어갔다. 한 방에 1, 2, 3, 4학년이 한 명씩 골고루 배치되었다. 여기에 들어온 이상 개인의 자율성보다는 단체, 공동체의 운영 가치를 우선해야 한다. 공중전화 사용, 대중목욕탕 이용 등 조목조목 매뉴얼과 사용 규칙이 있는 것은 물론이거니와 모든 운영 방침의 신설 또는 개정은 기숙사 학생 전원이 참석하는 정기 월례회에서 결정되었다.

제일 불편했던 것은 몬겐^{門限}이라 불리는 '통행금지' 시간이다. 저녁 10시! 롯폰기^{六本木} 클럽들이 문을 열려면 아직 두 시간이나 더 기다려야 하는 초저녁에 우리 대문에는 빗장이 쳐진다. 얄짤없다. 한 번 닫힌 문으로는 그 누구도 들어오지도 나가지도 못한다. 좋게 말하면 보호이나, 실제는 아침까지 꼬박 감금상태가 되는 거다. 무단외박? 인민재판이 기다리고 있다.

학부 4년 동안 장학금을 받았다. 덕분에 아르바이트로 시간을 쪼개지 않고도 학업에 열중할 수 있었다. 외국인을 전혀 고려하지 않는 법학과 학부 수업은 정신을 차리지 않으면 안 되었다. 또한 장학금을 받으려면 나름의 성적 체면을 유지해야 했기에 더더욱 집중이 필요했다.

대학 입학에 이어 하나님은 사후관리에도 충실하셨다. 전략적으로 성적을 유지하면서 게시판에 장학생 신청 요강이 붙으면 빠뜨리지 않고 응시했다. 다양한 장학금만큼이나 전형도 제각각이기에 꼼꼼한 준비가 요구되었다. 다행히도 '장학금 축복'이 이어졌다. 지원하는 곳마다 당선이다. 외람되나 1차 합격자 명단에 성소은이라는 이름이 포함되어 있으면 나중에는 다른 유학생들이 체념을 할 정도로 나의 성공률은 순도를 높여 갔다. 표정 관리를 하면서 속으로 외친다.

'당연하지! 난 뒤에 하나님 빽이 있는데!'

덕분에 원화를 공수하지 않고 현지에서 조달된 엔화로 학비와 생활비를 충당할 수 있었다. 십일조는 물론, 부모님 내복도 사 드리고, 대박 장학금이 터진 경우는 조카에게 피아노를 선물하는 기염을 토하기도 했다. 홍해가 갈라져야만 기적인가, 이런 것도 기적이다. 빌립보서 4장 13절 말씀, "내게 능력 주시는 자 안에서 내가 모든 것을 할 수 있느니라." 아멘! 믿으면 진짜가 된다.

풍성한 장학 프로그램 혜택을 톡톡히 누렸다. 일본은 유학생을 위한 장학제도에서도 '선진국'이었다. 기회가 되면 장차 일본 유학을 꿈꾸는 후배들에게 '일본에서 장학금으로 공부하는 법'을 정리해 나의 노하우를 전수해야 하지 않을까 고민 중이다. 일본이 35년간 만경평야의 흰쌀, 이촌의 도자기들과 잘생긴 왕실 문화재, 어디 이뿐인가 다양하게 많이도 챙겨 갔으니, 이번에는 우리가 가져와야 할 차례이다. 일본이 잘 정리해 놓은 지식과 정보, 아이디어를 챙겨 오는 거다. 합법적으로 여비를 받아 가면서 그렇게 '점잖게' 과거의 한을 풀어보는 건 어떨까?

주무시지도 않고 뒤를 봐 주시는 하나님을 위해 나는 찬양하는 일로 부답을 했다. 수싯적부터 해 오던 성가대로, 중창단원으로 기회가 될 때마다 화음을 맞추고 목청을 높였다. 나는 오리지널 알토다. 한결같이 알토로만 노래를 하다 보니 입만 열면 자동적으로 알토 화음이 연주되는 경지에 이르고야 말았다. 이는 찬송가의 소프라노 기본 멜로디를 모른다는 장애를 의미하는 것이다.

나는 순복음 교인이었다

주일 오후면 청년부원들과 함께 신주쿠 동쪽 출구에 인접한 알타 ALTA 앞 광장으로 향했다. '불쌍한 죄인'들이 우글우글한 곳이다. 쉴 새 없이 쏟아져 나오는 인파에 떠밀려 물살처럼 흐르듯 걸어야 하는 도쿄에서도 대표적인 번화가 중의 하나다. 우리는 그 한가운데에 전자 키보드를 설치하고 기타를 치며 비가 오나 눈이 오나 복음성가를 불러 댔다. 한국어로 하면 가련한 일본 영혼들이 알아듣질 못하니 하나하나 번역해 친절하게 일본어로 가사를 전하고, 영어에 기죽는 일본인의 틈새심리를 노려 영어로도 불렀다.

전도는 고도의 심리전이다. 시끄럽다고 경찰에 신고하는 사람도 나오고, 좋다고 한참 구경하다 교회까지 따라오는 사람도 간혹 있다. 한 사람이라도 낚이는 날은 감동의 도가니가 된다. 마치 자기들이 온 우주를 구하기라도 한 양 뿌듯하고 감격하며 바로 합동 기도를 드린다. 나이트클럽도 아닌데 그 복잡한 곳에서 빙 둘러 손을 부여잡고 "주여!"를 외쳤다. 이처럼 나는 믿음 충만한 순복음 교인이었다.

#2

진정한
회개,
메타노이아

빛나는 나날

릿쿄대학 법학부에는 최근 일본의 유엔 대사를 역임했던 기타오카 신이치라는 분이 계셨다. 일본 정치외교의 브레인 역할을 하는 교수이다. 나는 1학년부터 기타오카 선생님(일본은 교수를 호칭으로 쓰지 않는다. 이름에 '상'을 붙이거나 '센세이'로 족하다)의 세미나 수업에 참가해 지도를 받았다. 기타오카 선생님의 세미나는 빡빡하기로 유명했다. 학부 1학년부터 수업 참가를 위해 상당량의 책을 읽고 정리, 분석해 사전에 리포트를 제출해야만 세미나실에 들어설 자격이 주어진다. 시간을 가장 많이 투자하고 빈틈없이 준비하고자 공을 들였던 수업이다.

기타오카 선생님은 전형적인 오봇짱으로 누가 봐도 까도남인 분이셨다. 하지만 학문에 대한 진지함으로 똘똘 뭉쳐 있는 이런 '드라이함'이야말로 이분의 매력이었다. 세미나가 시작되면 적극적인 발

진정한
회개,
메타노이아

표로 의견을 펼쳤고, 교수님은 내 의견에 늘 관심을 기울이고 조언으로 부족한 2퍼센트를 채워주시곤 했다. 서서히 학문하는 즐거움을 맛보기 시작했다. 실제로 나는 기타오카 선생님의 추천으로 일본경제신문사에서 주관하는 장학생 선발심사에 뽑히기도 했다. 일본 열도 전체를 대상으로 공개전형을 실시하는 대형 프로그램이다. 상금 50만 엔과 2년간 연수 기회가 주어지는, 유학생 모두의 로망이었다. 주로 대학원생이 선발되었는데 나는 기타오카 선생님의 강력한 추천서로 '학부 1학년'이라는 이름표를 달고 당당히 선발되었다. 당시 산케이신문 하단에 실린 나의 인터뷰 기사는 엄마의 보물단지 아이템이 되었다.

    3학년이 될 무렵, 선생님은 릿쿄대학에서 도쿄대학 법학부로 자리를 옮기셨다. 아쉬웠지만 기회가 있을 때마다 지도를 아끼지 않으셨다. 졸업반이 되고 대학원 진학과 취업 사이를 고민하던 중 선생님으로부터 단호하게 대학원 진학을 권유받게 되었다. 선생님의 격려에 힘입어 스베리도메(만약을 대비한 2차 지망)도 없이 도쿄대학 대학원 법학정치학연구과 하나를 목표로 대학원 진학을 마음먹었다.

    합격했다. '합격 퍼레이드'는 계속 이어졌다. 유학 중에는 입학시험을 시작으로 끝없는 지원과 공개전형이 기다리고 있다. 기숙사도, 장학금도, 특별 연수도 모두 장문의 에세이와 서류를 준비해 기간 내 제출하고, 몇 차례에 걸친 발표를 기다려야 하는 지난한 과정을 밟아야 한다. 끝까지 일념으로 인내하는 자에게는 복이 있나니,

지성이면 감천으로 결과는 언제나 '할렐루야'다.

일본 최고의 학부에 적을 두고, 샌프란시스코의 금문교를 떠올리게 하는 레인보우브릿지가 있는 곳, 오다이바ぉ台場의 최첨단 국제교류 타운에서 잠을 자고 요네야마 로터리클럽이 제공하는 장학금으로 공부하는 황금시절을 맞았다. 물론 수업료는 면제였다. 석사과정 2년은 천당이 이보다 좋을까 싶은 최적의 환경이었다. 신나게 공부하고, 원 없이 놀았다.

화려한 전성기는 계속 이어졌다. 또 한 사람의 만남으로 '샴페인'을 터트리게 되었다. 대학원 시절에 받았던 요네야마 로터리클럽의 장학금을 인연으로 만나게 된 보수파 멋쟁이 신사, 사카타 슈이치 상이다. 로터리클럽 회원은 알려진 바와 같이 일련의 '가진 자'들이 노블레스 오블리제를 실천하는 곳이다. 사카타 상 또한 그런 이념을 바탕으로 대를 이어 로터리 회원으로 활동하는 분이다. 사카다 상이 가장 좋아하는 것은 요트 세일링이다. 두 척의 요트를 소유하고 있는, 일본 요트협회의 보스이다. 주말이면 크루들과 함께 바다 위에 둥둥 떠서 사신다.

일본 로터리클럽은 장학생과 클럽 회원 중 1인이 카운슬러가 되어 파트너십을 유지하는 상호 교류를 중시한다. 매월 1회 공식 정기모임에 참석해야 하는 것은 의무이고 그 밖에 다양한 프로그램에 적극적인 동참을 장려한다. 사카타 상은 나의 실질적 카운슬러가 되어 주었다. 많은 사람들을 만났고 여러 곳을 다닐 수 있었다. 시간

진정한
회개,
메타노이아

이 되는 주말이면 세일링에 합류도 하고, 어느 해인가는 연말을 맞아 요트 안에서 몇 날을 먹고 마시고 자며 근사한 여행을 했다. 검푸른 바다에서 멋쟁이 사나이들과 함께 했던 송구영신 세일링은 평생 잊지 못할 추억이 되었다.

우리는 그를 '블루 상하이 캡틴'이라 불렀다. 그는 가끔 비행기가 아닌 블루 상하이를 몰고 부산항으로 입국했다. 한국 사람만큼 호방한 성격이라 부모님도 재미있어 하셨다. 가끔 집으로 전화해 한국식 선술집에서 배운 말도 안 되는 짧은 한국어로 엄마와 통화를 시도하곤 했다. 말도 못하면서 주저함이라고는 없다. 여기에 질세라 엄마도 끝내 '한국말'로 친절한 응대를 마다하지 않으신다. 일본어와 한국어는 전화선을 타고 가는 동안 자동 통역이 되는가 보다. 좌충우돌 대화는 아름다운 '소통'이 된다.

이렇게 즐겁게 지내다 보니 어느새 석사 졸업을 맞이하게 되었다. 논문이 대강 마무리될 즈음 '괜찮은' 비영리 국제교류 재단에서 인턴 입사 의뢰가 들어왔다. 일본 재단으로, 엄청난 재력을 뒷심으로 활발하게 국제교류 사업을 추진하는 기관이다. 6개월간의 인턴을 거쳐 졸업과 동시에 정식 연구원 Program Officer으로 근무를 시작했다. 이른바 제3국들을 대상으로 국제협력 사업을 추진하는 업무였다. 미얀마 정부와 공동으로 진행했던 현지 공무원들의 종합 연수 프로젝트, 몽골 정부와의 합작 프로젝트, 석유와 캐비어의 나라 아제르바이잔과 와인으로 유명한 그루지아 등 카스피 해 주변의 구소련국을 대상으로 했던 프로젝트가 인상적이었다.

일본인 연구원 가운데 한 명은 워낙 해외 출장이 잦다 보니 아예 도심 공항터미널 옆으로 이사해 살기도 했다. 출장이 잡힐 때마다 국제전화로 부모님께 '외박 일정'을 미리 보고 드려야 했다. 그때마다 엄마는 타지에 사는 것도 마음이 쓰이는데 또 다른 낯선 나라를 전전하는 딸을 못내 안타까워하셨다. 걱정하지 마시라고 아무리 말씀을 드려도 연세가 더해 가는 만큼 걱정도 늘어만 갔다. 남들은 나처럼 살고 싶어 하는데 엄마는 어찌 걱정만 하시는지 좀처럼 이해가 되지 않았다. 나중에는 오히려 출장 소식이 불효가 되는 듯해 주저해야 했다.

때는 2002년 월드컵으로 한반도가 붉은 몸살을 앓고 난 뒤다. 2003년 2월에 총선이 있었고 노란색을 들고 나온 분이 제16대 대한민국 대통령으로 선출되었다. 선거운동 막바지부터 불기 시작했던 새바람에 나의 모든 시선은 한국에 쏠려 있었다. 설마가 혹시로 변하더니, '역시'가 되었다. 대통령 취임식을 위해 내가 할 수 있는 일은 연가를 내는 것이었다. 출근도 안 하고 일찍부터 방에 자리를 잡고 채널을 이리저리 돌리며 취임식 생중계 방송이 어서 나타나기만을 기다렸다. NHK는 아는 척도 않는다. 괘씸한 생각과 놓치면 어쩌나 하는 불안한 심정으로 이리저리 채널을 돌렸다. 역시 CNN뿐이다. 그나마 홍콩 CNN이 실시간 생중계를 해 준 덕에 타지에서나

진정한
회개,
메타노이아

마 한국인으로서의 자긍심을 추스를 수 있었다.

부모님과 형제들이 사는 곳 이상의 끌림이 없던 나라, 한국이 새롭게 뜨겁게 다가오기 시작했다. 정치 성향이 비슷했던 대학원 선배가 있었다. 박사과정 후 오사카로 가게 되는 바람에 자주 만날 수는 없었지만 우리는 이때부터 시도 때도 없이 전화로 감격을 나누고 희망을 이야기했다. 갑자기 애국자가 되었다.

속으로 한반도를 사랑하게 된 걸 아셨나. 어느 날 옛 문교부 상사였던 분으로부터 전화를 받았다. 귀국을 타진하는 내용이었다. 서울대학교 연구공원에 모 국제기구가 신설될 예정이니 귀국해 함께 일하면 어떻겠느냐는 제의였다. 처음에는 난색을 표했다. 현재 일하고 있는 곳의 조건도 나쁘지 않았고 굳이 변화를 주어야 할 긴요함이 없었기 때문이다. 하지만 이분도 집요하셨다. 처음엔 슬쩍 흘리는 듯하시더니, 계속 핸드폰이 울려오는 거다. 핸드폰 진동음과 함께 내 마음도 흔들리기 시작했다.

고 노무현 대통령이 검찰 조직과 대립각을 세우고 있던 때였다. 한국의 정세를 직접 보지도 못하고 안 그래도 밖에서 좌불안석인데 자꾸 들어오라고 안달이다.

'지금 있는 곳의 일도 재미는 있지만 100퍼센트는 아니잖아? 재단 브로슈어에 인쇄되어 있는 이념은 세계평화니 인권이니 아름답기 그지없지만 속사정은 꽤나 거리감이 있다는 거 모르니? 알면서도 그냥 참는다고? 언제까지? 엄마는 어떻게 하고? 늘 그렇게 걱정만 하시게 할 거니? 결혼은 안 해? 게다가 한국도 완전히 달라지고 있는 걸? 찜질방은 어떻고! 지난번 휴가 때 봤지. 찜질방이라는 지상낙원에서 몸도 마음도 무장해제 상태로 누워 있는 한국 사람들. 그 여유와 느긋함, 부럽지 않니? 노는 것도 아니고 와서 일해 달라는 곳도 있는데……'

사람 마음이란 게 참 무섭다. 한번 기울기 시작하니 온갖 이유를 들이대 삽시간에 합리화는 물론 논리까지 세팅을 마친다. 세어 보니 10여 년이다. 부모님, 조국을 떠나 강산이 변하는 시간을 남의 나라에서 다른 나라 사람들과 섞여 살았다. 언제부터인가는 감기약도 일제를 먹어야 나았다. 물이 바뀌니 몸도 바뀌는가 보다. 이제는 한국이 외국 같은 게 사실이다. 가족들하고도 서로에 대해서 깊이 알지 못한다. 부모님이 뭘 좋아하시고 뭘 싫어하시는지, 어디가 아프고 무슨 약을 언제 드셔야 하는지 소소한 일상과는 한참 멀기만 하다. 돌이켜 보면 나는 손님이었다.

그러고 보니 줄기차게 거부했던 한국의 온갖 풀 음식들이 점점 좋아지고 김치의 미학에 눈이 뜨이기 시작했다. 그런데 정작 나는 한국에 대해서 아는 게 없다. 나물 이름도 모르고, 김치도 못 만들고, 유행하는 가요도 모르고(서태지도 '누구세요?'다), 당연히 버스 요금도 모른다. 일본 사람도 아닌 것이 한국 사람도 아닌 거다.

'그래, 더 늦기 전에 이제 집에 가자. 들어가 가까운 거리에서 부모님께 효도도 하고 '한국 사람'이 되자.'

진정한
회개,
메타노이아

뭔가 내가 할 일이 있을 것이라 생각을 마무리하고 영주 귀국 날짜를 잡았다. 인생 3교시였던 도쿄에서의 행복한 나들이를 뒤로하고 서울행을 결심했다.

방황

얼마 만인가, 서울특별시 시민이 되었다. 중국 상해上海만큼은 아니어도 서울의 변화 속도도 둘째가라면 서러울 수준이다. 잘 가던 상가며 거리 분위기도 낯가림을 해야 했다. 서울을 상징하는 모습으로 어쩌다 텔레비전 화면을 통해서나 볼 수 있었던 한강과 남산은 그대로였다. 내게는 한강이 연예인이다.

흠모하던 연예인 곁에 머물고 싶은 마음에 드넓은 강물과 올림픽 대교가 조망되는 곳에 거처를 마련했다. '기분 좋은 집'이라는 오피스텔이다. 위치도 이름도 마음에 들어 도쿄에서부터 점찍어 놓았던 새 보금자리이다. 그런데 반갑고 기분 좋은 건 잠시뿐 시간이 갈수록 '기분 안 좋은' 일들이 심기를 어지럽혀 왔다.

도쿄의 지하철이 소형 평수라면 서울의 지하철은 대형 평수다. 차가 아닌 널따란 안방이 송두리째 달리고 있는 듯했다. 어느 날 사

진정한 회개, 메타노이아

람들로 붐비는 출근길 지하철 안에서였다. 그 넓은 '방'이 꽉 차고 서 있는 사람도 앉아 있는 사람도 불편할 만큼 밀리고 밀치는 상황이었다. 서울의 또 다른 '명물'인 메트로 상인은 이런 와중에도 포기하지 않고 장사에 열을 올렸다. 볼펜이었다. 문제는 이런 상황에서도 사는 사람이 있다는 것이다. 한껏 붐비는 데다 소음까지 겹쳐 신경은 곤두설 대로 곤두서 있었다. 이러지 말아야지 하며 읽고 있던 신문에 마음을 집중하려 애써 보았다.

그 순간이었다. 내 쪽으로 길게 무슨 막대기가 뻗쳐 오는 듯하더니 순식간에 신문 한 귀퉁이가 쭉 찢겨 나갔다. 민첩한 동작이었다. 이번엔 내가 목을 길게 빼 옆을 쳐다보았다. 스쳐간 물체의 정체는 내 옆의 옆자리에 앉아 있는 사람의 왼팔이었다. 그는 내 쪽을 외면하려는 듯 얼굴을 돌린 채 신문 조각에 무언가를 열심히 끄적이고 있었다.

"여보세요. 뭐 하시는 건가요?"라고 어렵사리 말을 건넸다. 귀를 의심케 하는 대답이 돌아왔다.

"(방금 산) 볼펜이 나오는지 안 나오는지 써 보느라······."

기가 막혔다. 상상을 뛰어넘는 일을 당하고 보니 그다음 할 말이 생각나질 않았다. 혼란스러웠다. 급기야는 저 사람이 잘못한 일인지, 화가 나는 내가 잘못된 건지 판단이 서질 않았다.

가까스로 현장에서의 당혹감을 누르고 나는 며칠 동안 줄곧 서울에 살아왔던 지인들에게 여론조사를 했다. 내 경험이 서울 상식으로 '그럴 수도 있는' 대수롭지 않은 일인지, 내가 지나치게 민감한 건지 등을 객관적으로 이해해야만 했다. 여느 때처럼 며칠 머물다 떠날 게 아니라 계속 살아가야 할 곳이기 때문이었다. 중론은 흔치 않은 일이라는 의견이었다. '귀국 신고식'으로 삼았다. 그래도 기분은 안 좋았다.

다음 문제는 물가였다. 처음에 대형마트에 가서는 아무것도 사지 못하고 나와야 했다. 도대체 하나씩 파는 게 없었다. 대부분의 물건들이 묶음이나 다발로 진열되어 있었다. 낱개 포장된 것은 애써 투명 테이프를 이용해 두세 개를 붙여 놓았다. 내가 필요한 건 '요만큼'인데, '이따만큼'씩 사라고 한다. 이것도 불편하고 화나는 일이었다. 말없이 과소비를 조장하고 낭비를 강요하는 것으로 해석되었기 때문이다.

원 플러스 원은 언뜻 보기에는 싼 듯하나 결코 싼 가격이 아니다. 당장 필요하지 않은 것을 들여 놓았다가는 필시 버려지거나 어느 구석에선가 묵혀질 것이 뻔하다. 여럿으로 묶여 있으니 대부분이 비싸고 양도 많아 무엇 하나 좀처럼 쉽게 살 엄두가 나질 않는다. 나처럼 혼자 사는 사람은 어쩌라는 건지⋯⋯. 치약 뭉치, 머리통만 한 수박덩이를 보면서 사회가 배려하지 않는 부류라는 소외감이 들기도 했다.

도쿄는 이런 낭비와 차별을 조장하지 않는다. 물론 독신자들의 천국이라는 다른 특징도 있지만 살면서 비싼 물가를 실감하지 못했다. 마사지처럼 사람이 직접 손으로 제공하는 서비스나 사치 품목 같은 것은 정말 비싸다. 하지만 생필품에 한해서는 고마우리만큼 싸다. 100엔 이하로 살 수 있는 물건이 얼마나 많은지. 그중 랩, 팽이버섯, 두부 등이 대표 선수다. 무엇보다 최소 단위로 판매하고 있어 버릴 게 없다.

한국은 무엇이든 '대형에, 더 크고, 더 많이'가 사회를 주도하고 있다는 느낌을 떨쳐 낼 수가 없었다. 그러다 보니 허세와 거품이 없을 리 만무하다. 최근에는 그것도 부족해 '통 큰'이 추가되었다. '작은 것, 적은 것'의 가치와 소중함이 외면당하는 분위기는 이대로 가면 어쩌나 하는 두려움을 불러일으킨다. 소비의 주체인 어른들의 허영이 자녀들에게 유전될 것이며, 한 가정의 의식화된 집단무의식의 가치관이 공동체와 사회 전체에 전이될 터이기 때문이다.

오래간만에 재회한 우리 사회는 이미 많이 병들어 있는 것 같았다. 살고 있는 곳이 강남이 아니면 결혼이 어렵다는 코미디 같은 이야기가 자리매김을 한 지는 오래다. 아파트 평수를 묻는 것은 아이들 사이에서도 자연스러운 대화거리가 되었다. 어른의 생각이 그러하니 꾸지람을 할 수도 없다.

왜 '우리나라'는 웃어야 할지 울어야 할지 모르겠는 일들이 이다지도 많은지 알다가도 모르겠다. 게다가 말만 '우리, 우리'지, 막상 필요할 때는 우리가 없다. '내 자식, 내 식구'만 우리다. 내 자식만 군대 안 가면 되고, 내 자식만 유기농으로 먹고 좋은 대학 가면 된다. 가난해 못 먹고 못 배우는 사회적 약자에 대한 이해나 배려는 없다. 사회적 약자는 보살핌을 받아야 하는 엄연한 이 나라 국민임에도 불구하고, 나라님도 모른 체하고, 이웃도 안중에 없다. 폐지 줍기로 연명하는 노인들, 옥상과 다리 위로 내몰리는 힘없는 사람들, 지친 사람들로 매일 마음이 아프다.

비정해진 한국 사회는 '마이너'란 함께 가야 할 동반자가 아니라 '루저'라고 잘라 말한다. 다양한 장르의 루저가 있다. 일류대학에 못 가면 일찌감치 루저가 된다. 10대에 게임이 끝나는 것이다. 돈 없이 병들면 루저에 합류된다. 직장에서 잘리면 신입 루저로 편입된다. 못생기게 태어나기라도 하면 태생적 루저가 된다. 성형이라는 구원수가 있지만 누구나 받을 수 있는 은총이 아니다. 무수한 비정규직들은 폭발적 잠재 루저군##이다. 끝없이 루저를 양산하고 배출하는 사회에 '삶의 안전, 개인의 안전'은 멀기만 한 일이다.

유학 시절 주요 관심 테마였던 인간의 안전보장 human security이 정작 모국에서는 남의 나라 일로 취급되고 있었다. '사람'이기에 존중받아야 할 보편적인 권리가 한국에서는 시민권을 얻지 못한 낯선 개념으로 떠돌고 있었다. 씨도 뿌리지 못한 척박한 땅이었다. 인간의 안전보장은 1994년에 UNDP 국제연합개발계획가 마련한 인간개발보고서에 최초로 도입된 개념이다. 주목해야 할 점은 안전을 보장받아야 할 주체가 기존의 국가에서 한 사람 한 사람 '개인'으로 옮겨져 강조되고 있다는 것이다.

진정한
회개,
메타노이아

지구의 일원이 된 인간으로서 당연히 누리고 주장할 수 있는 권리가 마련된 것이다. 구체적 개념을 일곱 개 영역으로 명시하고 있다. 개개의 인간은 누구나 빈곤과 기아, 질병, 폭력과 범죄로부터 자유로워야 하며 청결한 물과 공기, 공동체 참여와 기본적 인권을 향수享受할 수 있는 자유가 보장되어야 한다는 것이다. 당연하다.

2년 뒤인 1996년에 한국은 선진국 모임으로 알려진 OECD의 공식 회원국이 되었다. 큰 것도 아니고 '기본적'인 안전과 자유가 보장되리라 기대했다. 그러나 2012년 현재, 아직까지 '깨몽!'이다.

백성들은 두통, 관절염, 암 3종 세트, 스트레스성 우울증에 온몸을 앓고 있는데 국가는 무늬만 '선진국'이라고 폼 잡는 일에만 열중하고 있다. '국격國格'이란다. 나라가 허영을 조장하고 있다. 소망하기로는 외과 수술로 한방에 환부를 도려내고 싶지만 전이 부위가 광범위하다 보니 어디부터 손을 대야 할지 막막하다.

우리 조상은 가난해도 '사람답게' 사는 것을 최고의 덕목으로 쳤는데, 양반이라 자처하는 후손은 왜 이러나. 공교육에서는, 국사가 수능에서 선택으로 밀리고 제외되니 조상이 무슨 생각을 했는지는 알 수도 없다. 조상 왜곡의 선봉자는 단연 교회다. 조상을 기려야 할 대상이 아니라 타파해야 할 '우상 숭배'의 원흉으로 죄악시하고 치부한다. 선대가 없으면 자기가 어떻게 있을 수 있었는지 배은망덕이자 언어도단이다. 눈물로 호소하고 참회해야 할 문제다.

언제까지 대학과 사회는 일등급만 인정하고, 가정 대신 공교육

대신 사교육이 아이들 양육을 대신할지 모르겠다. 거대 종교가 담당해야 할 과제가 무엇인지 명확해지는 시점이다. 왜곡된 사회 현상에 대한 바른 인식〔正見〕을 갖게 하고 종교적 양심과 지혜를 키워 사람들을 위로하고 희망을 갖게 해야 옳다. 그런데 교회는 줄곧 직무유기로 일관했다. 교회는 회개 대신 성공이 구원인 양 오히려 막가는 경쟁사회를 부추기고 있다. "성공해서 하나님께 영광을 돌리라"는 꼬드김으로.

정작 하나님이 이런 일에 관심이나 있으실까 의문이다. 김 집사가 강남에 살든 삼양동 달동네에 살든, 박 군이 서울대를 가든 지방대를 가든, 송 양이 코가 높든 낮든 그런 건 '전혀' 안중에도 없으실 것 같다. 내가 하나님이라도 그럴 것이다. 내가 만난 하나님은 그런 껍질이 아닌 속마음에 관심이 있으셨다. 마음이 건강한지, 마음이 넉넉한지, 마음이 기쁜지, 남의 아픔에 공감할 수 있는 선한 마음인지를 궁금해 하신다. 이게 하나님이 찾는 마음 아닐까?

서울 하늘 아래 짙게 드리워져 있는 무례하고 거친 공기, 수군수군 왕따 시키는 교실, 일찍부터 패배감을 쥐어 주는 물질만능주의적 사고, 하나님의 이름으로 이웃을 파괴하는 교회들……. 기분 안 좋은 일도 마트에 진열되어 있는 상품처럼 다발로 묶여 있다. 아무리 애를 써 봐도 "Don't worry, be happy"가 잘 안 된다.

묻지 마 투표, 묻지 마 신앙

교인이라는 명패를 달고 20여 년을 살았다. 무슨 일이든 수십 년을 계속하다 보면 소위 달인이 된다. 최소한 그 분야만큼은 능통하여 막힘이 없는 자타 공인의 전문가가 되는 것이다. 자문해 본다. 그런 나는 '교인'으로서 몸담고 있는 공동체에 대해서, 롤 모델로 삼았던 예수님에 대해서, 유일한 텍스트인 성경에 대해서 얼마나 알고 있는가? 지적인 이해가 아니라면 영적으로는 얼마나 성숙해졌는가?

내 자신의 신앙을 살펴본다. 그 옛날 조선에 수입된 기독 신앙이 원산지인 유럽과 경유지인 미국의 기독교와 어떻게 다른지, 근현대 한국 땅에서 교세가 급성장할 수 있었던 토양은 무엇인지 고민해 보지 않았다. 마치 요즘 아이들이 아침부터 밤까지 학교와 학원을 옮겨 다니며 공부에 올인 하지만 왜 그래야 하는지 모르는 것과 같다. 대부분 유명 학원 선생님은 어느 학교 출신인지 어떤 이력을 가지고 얼마나 잘 가르치는지 하나라도 더 알아내려고 안간힘을 쓴다. 그런데 정작 영혼을 의탁하는 교회나 목사님에 대해서는 제대로 알고 믿으려는 노력을 하지 않는다. 예수님도 예외는 아니다. 그저 '예수 믿고 복 받으면' 그만이다.

아는 것이라고는 예수 사후 3일간뿐이었다. "나의 죄를 위하여 십자가에서 피 흘려 돌아가셨다가 사흘 만에 부활했으며, 그것을 믿음으로 나는 구원을 받았다. 이 사실을 굳게 믿어야 너도 살고 나도 산다. 그래야 죽어서 천국 간다"는 정도를 맴돌았다. 초라하고 유치한 신앙에서 한 발짝도 나아가지 못했다. 믿거니 하면서도 올바른 기독 신앙관을 정립하지 못했고, 인격적으로 '더 나은 사람'으로 성장하지도 못했다. 성경을 덮어놓고 믿은 탓이다.

성경은 교회와 신앙의 대상이 되는 예수님의 사상을 이해할 수 있는 유일한 지침서이다. 성경을 얼마나 어떻게 이해하고 있는지가 신앙의 깊이와 질을 가늠하는 기준이 되는 것이다. 혹시 성경을 하나님이 직접 집필과 제본까지 해서 어느 날 하늘에서 뚝 하고 떨어뜨려 준 것으로 믿고 싶은 것은 아닌지 모르겠다. 현대를 살고 있는 우리에게는 유대인을 위한 히브리 성경Hebrew Bible인 구약과 이방인의 복음이 된 신약이 있다. 도합 66권이라지만 저마다 다른 시기에 다른 저자에 의해서 다른 의도로 편집된 묶음이다.

사용된 언어는 또 어떠한가. 하나님이 우리나라 사람을 위해 처음부터 한글본을 특별 제작해 주셨을까? 세종대왕이 나기 1500년

진정한
회개,
메타노이아

전에 이미 벌써? 물론 천만의 말씀이다. 지금 우리가 읽고 있는 현대어 성경은 단순하게 거슬러 올라가 봐도 최소 여섯 번의 번역을 거친 문서이다. 최초 히브리어 성경에서 헬라어 성경으로, 다음에는 라틴어 성경으로, 이윽고 영문 성경이 나온다. 한글로 된 성경은 세 차례나 중역을 거친 영문 성경을 원안原案으로 하고, 이는 다시 중국어 성경으로 번역되었다가, 거기서 고어체가 주를 이루던 조선어 성경으로 번역되어 들어온 것이다. 한반도에 들어와서도 개정판으로 몇 차례나 공동 번역이 이루어졌는지 알 수도 없다.

이 정도면 거의 원안과는 별개의 '새 책'이라 해도 과언이 아닐 것이다. 두세 사람만 거쳐도 '아'가 '어' 되기 십상이다. 대여섯 차례의 중역에 중역을 거듭하면서 얼마나 많은 단어와 문장들이 오역되고 뒤틀렸을지는 가히 짐작하고도 남음이 있다. 번역이 아니라 똑같이 필사를 할 때에도 오타가 난다. 번역은 말해 무엇하랴.

이런 한글 성경이 지닌 출생의 비밀을 깡그리 무시하고 단어에 갇혀 살았다. 행간이 아닌 글자 자체에 집착하는 것을 문자주의라고 한다. 글 감옥에 갇혀 예수님의 돌아가심과 부활만을 말할 것이 아니라 유언장인 성경을 바로 읽어 그 유지를 받드는 것이야말로 참된 믿음이 아닐까? "문자는 사람을 죽이고, 정신은 사람을 살린다." 고린도후서 3장 6절 말씀이다.

비교종교학자 오강남 교수님은 바른 성경 읽기로 '환기식 독법喚起式 讀法, evocative reading을 제시하고 있다. 예수님이 읽으신 방식이다.

예수님은 하나님의 아들 내지 하나님이시니까, 혹은 '말씀' 자체이시니까, '하나님의 말씀'인 성경을 읽을 필요가 없었으리라 생각할 수 있겠지만, 사실 예수님도 성경을 열심히 읽으시거나 남이 읽는 것을 잘 들으셨다. 그의 말씀 중에는 성경에서의 인용이 많다.(……)

그런데 여기서 주목하고 싶은 것은 예수님의 성경 읽기 방법이 아주 흥미롭다는 사실이다. 마태복음 5장에 나오는 예수님의 산상설교를 잘 읽어 보면 이 사실이 분명해진다. 여기서 예수님은 "옛 사람들에게 이르기를 '살인하지 말아라. 누구든지 살인하는 사람은 재판을 받을 것이라' 한 것을 너희가 들었다. 그러나 나는 너희에게 말한다. 자기 형제나 자매에게 성내는 사람은 누구나 심판을 받는다"고 했다. (……) 이렇게 "그러나 나는"이라는 말이 모두 여섯 번 나온다.

여기서 예수님이 성경을 어떻게 읽으셨던가 하는 것의 실마리를 찾아볼 수 있다. (……) 예수님은 "성경에 살인하지 말라고 했다. 그러니까 너희도 살인하지 말라"는 식으로 말씀하시지 않았다. 예수님이 하신 말씀을 요즘 식으로 좀 부연해 보면, "성경에 살인하지 말라는 말씀이 있다. 물론 살인을 하지 말아야겠지. 그러나 사람을 죽이는 것만이 살인인가? 아니다. 형제자매를 향해 성내는 것도 살인이다. 그리고도 어찌 제단에 제물을 드리고 있겠는가. 먼저 가서 화해하는 것이 순서 아니겠는가" 하는 식으로 말씀하셨다.

—오강남, 『예수는 없다』, 현암사, 2003.

곧이곧대로 문자에 얽매이는 '묻지 마 읽기'가 아니라 지금 내가 처한 삶에 적용될 수 있도록 읽고 해석해야 한다. 이런 환기식 독법에도 원칙이 있다. 나에게만 유리한 풀이가 아니라 '내 이웃을 내 몸과 같이 사랑할 수 있는' 방향으로 읽고 해석하는 것이다. 윤리적 해석학의 원칙이다. 이런 성경 읽기가 될 때 우리를 자유롭게 하고자 하는 그리스도의 정신에 동참하게 된다.

맹목적인 성경 읽기는 필연적으로 맹목적 신앙을 낳는다. 바로 예수 천국, 불신 지옥으로 대표되는 '묻지 마 신앙'이다. 한국에서는 정치와 종교 성향이 유사한 경우를 보게 된다. 선거철만 되면 부동의 힘을 발휘하는 투표층이 있다. 이른바 '묻지 마 투표'로 기득권을 지켜내는 35퍼센트의 수구 세력이다. 이들에게는 동시대 현안이 되고 있는 사회 이슈나 갈등은 문제가 되지 않는다. 자신들의 권력과 재산을 지켜 줄 수 있는 정당, 기득권을 대변해 줄 수 있는 정치인에게 묻지도 따지지도 않고 몰표를 던진다. '묻지 마 투표'로 거머쥔 정권은 국민이 아니라 소수 지지자들의 이익을 옹호하기 위한 '묻지 마 정치'로 성실하게 부응한다. 대다수 힘없고 돈 없는 서민들은 크레인 위나 지하로 내몰린다.

종교도 다르지 않은 양상이다. '묻지 마 신앙'으로 교회는 기득권을 강화하고 교인은 십자군을 자처한다. 해방 후 주입식 학교 교육이 그래 왔듯이 교회도 질문을 좋아라하지 않는다. '닥치고 아멘'이다. 주일이면 교회에 나가 고분고분 목사님 말씀 잘 들으며 십일조와 건축헌금에 인색하지 않는 것이 모범적인 교인이라고 가르치고 믿는다. 성경은 교인의 자유가 아닌 교회 발전을 강화하기 위한 지침서이자 약관처럼 왜곡되어 읽히고 있다.

한때 바른 소리 하면 잡혀가던 시대가 있었다. 최근 10여 년 숨통이 트이나 했더니 몇 년 전부터 다시 살얼음이 끼기 시작했다. 말은 물론이고 낙서도 '잘 하면' 불려 간다. 해방 후 반세기가 지났지만 내가 태어난 나라, 내가 믿는 신앙에 대해서 정견을 갖추지 못하고 말 한마디 올바로 하지 못하는 반벙어리 신세가 되고 말았다. 때론 몰라서 못하고, 때론 겁나서 못한다. 역사를 모르니 오늘이 제대로 보일 리 없다. 예수님의 과거 '행적'을 본받으려 하지 않으니 닮아 갈 길이 없다.

묻지 마 투표는 삶을 곤궁하게 하지만 묻지 마 신앙은 영혼을 마비시킨다. 믿음으로 말미암아 좀비 같은 삶을 살 것인가 생기 돋는 삶을 살 것인가는 전적으로 나에게 달렸다. 다른 소리에 귀도 열고, 낯선 것은 외면할 것이 아니라 눈을 크게 떠서 더 잘 보려 하고, 입을 열어 내 느낌도 말하며 살 수 있어야 한다. 내 생각을 정리해 묻고 답할 수 있어야 한다. 옳지 않음에 손사래를 칠 수 있어야 한다. 아이에게서 배우자. 하다못해 '도리도리, 까꿍!'이라도 하자.

진정한 회개, 메타노이아

'그런' 예수는 없다

석사 입학과 함께 시부야에서 10분 거리에 위치한 코마바 기숙사에 들어갔다. 학부 때는 많은 수업과 학업 분량으로 한국인 유학생 모임에 기웃거릴 시간을 만들지 못했다. 그에 비하면 대학원 과정은 오히려 여유가 있었다. 자연스럽게 한국인 입주자를 위한 교류 모임에 참여하게 되었다. 다 큰 학생들끼리의 어울림이 나쁘지 않았다. 생면부지의 남들이 시간이 지나면서 동병상련의 마음으로 이어진 동지가 되어 갔다. 건수가 생길 때마다 둘러앉아 다양한 주酒님을 찬양했다. 위로주, 축하주, 환영주, 이별주, 번개주, 뭐든 붙이면 의미 있는 주님이 된다. 물론 나는 이런 주酒님에 취하는 일이 없다. 이러니저러니 순복음 교인이 아닌가.

그중 친하게 된 선배가 있었다. 본관이 같고 주민등록상의 양력 생일이 같다는 촌스러운 공통점을 들이대며 '오빠'임을 주장하는 바람에 우리는 유사 오누이 관계가 되었다. 3년이면 학위 따고 귀국길에 오른다는 공대 박사과정을 마치 인문사회과학 분야처럼 진득하게 연구하는 선배였다. 그래서인가 사람들 간의 친목 도모를 주선하는 기숙사 터줏대감 역을 맡고 있었다.

종교는 없으면서 성경도 뒤적이고 스님네도 좋아하는 오지랖형이다. 고린도전서 사랑 장章을 라틴어로 읊어 주며 특별한 애정(성경 내용에 대한)을 보이기도 했다. 하지만 영어나 일어를 할 때는 모르는데 우리나라 말을 하면, 조금 깬다. 광주 토박이로 마치 소설 『태백산맥』의 하대치가 튀어나온 것 같았다. 제멋대로 까칠한 성미가 짜증날 때도 있지만, 이 걸쭉한 남도 사투리 때문에 미워할 수 없는 오라버니였다. 우린 간혹 '주酒님'을 사이에 두고 '주主님'을 이야기하곤 했다. 오지랖형 종교관을 가진 선배다 보니 당연히 나는 '골수' 전도사 역할을 맡게 된다. 열렬히 주님 편을 든 덕분에 급기야는 기독교 원리주의자급 교인으로 낙인이 찍히게 되었다.

성경이 새로 읽히기 시작했던 것은 석사를 마치고 도쿄에서 직장생활을 하던 무렵이었다. 사회 첫걸음이 비영리조직이었기 때문인가 나의 관심은 언제나 보이는 것보다 보이지 않는 가치를 실현하는 데 있었다. 한 덩어리로 뭉뚱그리면 공익公益이고 쪼개 말하면 인권이고 평화라는 주제였다. 얼핏 들으면 실없이 커 보이는 듯한 인상이지만 이것만큼 구체적이고 절실한 일이 또 어디 있나, 예수님 사랑과 함께 자라난 세상을 향한 나의 믿음이었다.

진정한 회개, 메타노이아

교회라는 울타리 안에서 신앙생활을 해 오던 와중에도 문득문득 턱밑에 걸리는 말들이 있었다. 당연히 알고 있다고 생각하면서 무심코 써 오던 착한 말들이 불현듯 낯선 단어가 되어 돌아왔다. '온유함'이 그랬고, '성스러움'이 그랬다. 무엇보다 '온유한 사람'이 되고 싶었다. 예수님의 사랑의 원천이 되었던 온유함과 비둘기같이 임하는 성령의 성스러운 생기가 갖고 싶었다. 억지로라도 그리 되고 싶어서 알게 모르게 그런 사람인 양 흉내도 내 보았다. 하지만 이건 연기로 되는 게 아님을 몸소 깨달았다.

그뿐이 아니다. 주중이나 주말이나 교회를 집 삼아 열심인 '신실한' 교인들이 눈에 들어왔다. 나와 비교가 되기 시작했다. 나 역시 오랜 동안 꾸준하고 성실하게 교인으로서 역할을 다하며 살아왔다고 자부하고 있었는데, 이분들에 비하면 한참 멀어 보였다. 기도 시간 때마다 뜨겁게 울부짖으며 방언을 말하고, 환상을 보고, 대개 이런 분들은 기도도 오래 잘한다. 나는 왜 방언은커녕 기도도 오래 하지 못하는가 하는 헷갈림이 생겨났다. 오래는 고사하고 눈을 감아도 할 말이 없었다. 이미 다 아실 텐데 뭘 구구절절 말해야 하나 싶었다. 내 기도는 벙어리 기도였다.

학부로 다녔던 릿쿄대학은 영국성공회 전통에 기반을 둔 기독교 학교다. 성가대는 교내 서클 중 하나였다. 마땅히 둘째가라면 서운해할 '모범적 교인'인 내가 들어갈 서클로 알맞은 곳이었다. 가입 후 놀란 사실은 성가대를 지원한 대부분의 일본 학생들이 무신론자라는 것이었다. 단지 영어로, 때론 멋져 보이는 라틴어로 부르는 성가곡이 좋고, 발목까지 내려오는 하얀 성가복이 멋있어서 하고 싶단다. 충격이었다. 어떻게 하나님도 모르면서 성가복을 입고 거룩한 척 성가를 부를 수 있을까, 이해할 수 없었다. 나 혹시 근본주의자?

선배와 나는 학위 과정을 끝내고 나는 도쿄에서, 선배는 관서지역으로 직장이 정해져 헤어지게 되었다. 주말 오후에 우리는 시부야 카페에서 파스타를 먹으며 조촐한 석별회를 가졌다. 커피까지 다 마시고 일어서려는데 주섬주섬 선배가 뭔가를 꺼내어 놓는다. 선물이란다. 우리 사이에 새삼스럽다는 듯 뻘쭘한 표정으로 포장을 뜯어 보니, 화들짝 놀라게 하는 책이었다. 책은 책인데 말도 안 되는 '불온서적'이었다.

'예수는 없다?'

순간 어떻게 표정 관리를 해야 할지 난감했다. 대충 고맙다는 인사를 전하고 나가자며 화장실로 향했다. 예수님께 불경죄라도 지은 듯 화끈거렸다. 볼일을 마치고 나와 카페 유리문 밖에서 마지막 인사를 하려는데 선배가 묻는다.

"소은아, 책 어쨌니?"

"응?"

아뿔싸 빈손이었다.

진정한 회개, 메타노이아

"어머! 잠깐만. 화장실에 갔다와 볼게."

좀처럼 물건을 흘리고 다니거나 잃어버리는 일이 없는데 이게 무슨 일인가. 그것도 명색이 선물인데 받자마자 잃어버리다니 나도 내가 놀랍다. 받아들이고 싶지 않았던 강한 무의식이 범인임에 틀림없다. 이 책은 왜 이러나. 제목으로 사람을 놀라게 하더니 납득할 수 없는 행동으로 또다시 사람을 당혹스럽게 한다. 투덜투덜거리며 화장실로 향했다. 아니나 다를까 그 화상은 없어지지도 않고 화장실 선반 위에 얌전히 놓여 있었다. 다른 물건들은 잠깐 사이 잘도 없어지던데 이 책은 왜 손도 안 타나, 무의식의 반항은 현실에 반영이 되지 못하고 미수로 끝났다.

"미안, 미안"

깜빡 잊고 나왔노라고 아무리 설명을 해도 도통 믿으려 하지 않는다. 평상시 나의 '신심'을 익히 아는 양반이니 그럴 만도 하다. 그렇게 반갑지도 고맙지도 않은 선물을 챙겨 집으로 왔다. 언제 또 물을지 모르니 이젠 진짜 버리지도 못한다. 막상 집에 들이고 나니 처리가 난감했다. 망언 같은 제목은 버릴 수도 안 버릴 수도 없게 나를 고민하게 했다. 한참을 머뭇거리다 절충안으로 책장에 책을 뒤집어 꽂아 두기로 했다. 제목이 안 보이니 한결 마음이 편했다.

그렇게 1년여가 지났다.

늦가을이었다. 성령의 이끌림에서였을까? 퇴근하고 돌아와 유심히 책장을 살펴보게 되었다. 헌데 이상하다. 나란히 꽂혀 있는 책들 사이로 제목이 보이지 않는 책이 한 권 눈에 들어왔다. 뒤돌아 서 있는 책이었다.

"이게 뭐지?"

꺼내 보니 바로 '그' 책이었다. 원수는 외나무다리에서 만난다더니, 진퇴양난의 심경으로 겉표지를 열어 보았다.

작가 자신도 나 같은 사람의 반응을 예상이라도 했다는 듯 다른 책에서는 찾아볼 수 없는 특이한 코멘트를 표지 안쪽 하단에 넣어 눈길을 끌고 있었다.

"제목이 도발적이라고 생각하시는 분들은 책을 한번 끝까지 읽어 주시기 바랍니다. 읽으시고 내용이 마음에 들지 않으면 그때 가서 저는 그분의 의견을 존중하고 싶습니다."

왠지 모를, 뭔지 모를 저자의 진정성 같은 것이 전해 오는 것 같았다. 한 장을 또 넘겨보았다. '절대로 내 믿음은 흔들리지 않아'를 다짐하며 완전무장 태세를 갖추고 있던 마음을 한 번에 무장해제시키는 구절이 있었다. "No Such Jesus: Reading Christianity Inside Out 그런 예수는 없다: 기독교 뒤집어 읽기" 영문 원제목인 듯했다. 그냥 No Jesus가 아니라 No 'Such' Jesus였다. '그런' 예수가 없다는 이야기다. 그럼 그렇지 하는 안도감과 함께 궁금증이 확 일었다. 어쩌면 이 책이 나의 헷갈림을 해소해 줄지도 모른다는 근거 없는 기대감이 고개를 들었다.

73

진정한
회개,
메타노이아

그리고 그날, 나는 한숨도 자지 못했다. 아니 침대 위를 뒹굴며 몸부림을 쳤다. 휑하니 뚫린 가슴을 부여잡으며 울다가 읽다가 기도하기를 반복했다. 이것은 책이 아니라 나의 무지와 어리석음을 낱낱이 보여주는 '거울'이었다. 눈을 감고 열의만 갖고자 했던 신앙인으로서 나의 현주소를 정확히 자각하게 하는 나침반이었다. 길을 잃고 얼마나 멀리 나와 있는지 이제야 알 것 같았다.

처음으로 진정한 회개를 했다.

예수님이 공생애를 시작하면서 처음으로 외치신 말씀이 무엇인가? "회개하라. 천국이 가까웠느니라"(마 4:17) 아닌가? 여기서 우리말로 '회개'라고 번역된 말의 희랍어 원문은 '메타노이아^{metanoia}'이다. 메타노이아는 단순히 옛 잘못을 뉘우치고 고친다는 뜻 정도가 아니다. 말 그대로 '의식의 변화'를 의미한다. 신학자 한스 큉이 말한 대로 이것은 우리의 내면 가장 깊숙한 곳에서 생기는 근본적인 의식의 개변^{transformation}이다.

'의식의 전환' 내지 '인간의 기본 사고가 철저히 변화하는 것', '철저한 의식의 재구성이 일어나는 것'을 의미한다.

— 오강남, 『예수는 없다』

나는 저자의 책을 보고 눈물을 흘렸는데 부록을 보니 저자를 울게 만든 분이 있었다. '부록 1 현각 스님의 책을 읽고 눈물 흘린 까닭은' 이라는 제목으로 또 다른 책의 저자를 설명하고 있었다. 『만행』의 저자 현각 스님에 관한 이야기였다. 그 글을 보며 나는 또 울었다. 같은 기독교인으로서 많은 부분 공감할 수 있었고 무엇보다 구도의 길을 가는 한 인간의 진지함이 가슴을 적셔 왔다.

나는 이렇게 도쿄에 있으면서 캐나다에 사시는 오강남 선생님을 통해, 한국에 계신 미국인 스님을 소개받게 된 것이다. 이분이 한때 한국에서 스타 급 주목을 받던 스님이라는 사실은 까맣게 몰랐다. 훗날 나의 스승이 될지는 꿈에도 몰랐다. 인연의 오묘함이란……. 21세기는 인연도 글로벌하다.

진정한
회개,
메타노이아

#3

하나님과
하느님

성경 말씀이 화두로

내 안에서는 거대한 지각변동이 일어나기 시작했다. 그동안 예수님을 믿는다고 하면서 믿음의 대상인 예수님에 대해서도, 성경에 대해서도 제대로 알지 못한 것이다. 성경은 문자에 집착해 행간을 읽지 못했고, 예수님은 필요할 때만 내가 위로받기 위한 도구로 이용했을 뿐이다. 달을 가리키는 손가락에 연연하느라 정작 달을 보지 못한 것이다.

그런 예수는 없었다. 나의 무지와 어리석음을 적나라하게 조명해 주었던 『예수는 없다』의 마지막 책장을 덮고 난 뒤의 느낌은, 말 잃음이었다. '불립문자不立文字'다. 황량한 벌판에 홀로 서 있는 듯한 기분이었다. 시야를 가리는 어떤 장애물도 놓여 있지 않은 빈 공간. 저 만치서 땅과 하늘이 맞닿는 트인 공간을 말간 바람만이 메우고 있었다. 적막했지만 폐부를 관통하는 시원함에 누구에게라도 이 홀가

분함을 소리쳐 외치고 싶었다. 그러나 허허벌판에서 누구 하나 나의 외침을 들어줄 사람은 없었다. 희열과 고독과 부끄러움이 한자리에 있었다.

귀국을 단행해 서울로 돌아왔지만 주일이면 갈 곳이 없었다. 더 이상 '그런' 교회에는 가지 못했다. 어디고 가긴 가야 하는데 어디로 가야 하나. 살긴 살아야 하는데 어떻게 살아야 하는지에 대한 물음과 비슷하다. 기다렸다는 듯이 곁에서 친절히 내 손을 끌어 주는 사람은 없었다. 아니, 나서는 이가 있다 한들 이젠 쉽게 나를 맡길 수 없을 것 같다. 흉내 내는 사람, 비슷한 사람, 척하는 사람 말고 '진짜'여야 했다.

문득 릿쿄대학 채플에서 드렸던 예배의 편안함이 떠올랐다. 그러고 보니 언젠가 광화문에서 서소문을 향하던 중에 대한성공회라는 푯말을 본 듯도 했다. 바로 인터넷으로 검색했다.

'그래, 여기야!'

주일 예배시간 일정을 확인하고 문을 두드렸다.

온화한 환영 분위기가 좋았고, 예배 중 마이크를 대고 헌금 낸 사람들의 이름을 줄줄이 읊어대는 민망한 쇼가 없어서 있기 편했다. 영국 성공회 미션스쿨인 릿쿄대학 졸업자임이 밝혀지자 한층 가족 같은 친근함으로 대해 주었다. '경력직' 성가대로서 나는 바로 니콜라 성가대원이 될 수는 있었지만 성공회 절차에 따라 교리 과정은 새롭게 이수해야 한다고 했다. 정성껏 과정을 마쳤다. 몇 개월 후 대

모라는 신앙의 조력자를 곁에 두고 나는 대한성공회 교인 '클라라'가 되었다.

성공회聖公會, Anglican Church는 영국의 헨리 8세가 로마 가톨릭에서 분리해 나간 영국 국교회다. 문자적 해석을 고집하는 개신교와는 달리 공동체적인 이성을 통한 동시대적 성서 해석과 전통의 조화를 교회의 중요한 권위로 인정한다. 교황을 정점으로 엄격한 피라미드 구조를 이루고 있는 로마 가톨릭과는 달리 의회와 같은 대의원 조직을 중심으로 운영되는 민주적 의사결정 과정을 중시한다.

형식적으로는 개신교에 속하지만 예배(미사) 형식과 같은 전통적 요소에서는 천주교와 유사하다. 내가 체험한 성공회는 천주교와 개신교를 포용할 수 있는 중용의 정신을 가진 균형 잡힌 신앙 공동체였다. 잘 알려진 성공회대학교를 비롯해 나눔의 집이나 푸드 뱅크, 르네21 사업 등 적극적으로 우리 주변의 어려운 이웃들과 함께하는 실천적 사회참여형 종교단체이다.

몸담고 있었던 니콜라 성가대는 아름다우면서도 유쾌한 모임이었다. '이성적'인 구성원들은 안정되고 평화로운 기운을 자아냈다. 사람들이 뿜어내는 아로마 같은 은은한 향기가 좋았다. 성공회 미사 중에서 성가대가 맡는 역할은 매우 중요하다. 미사는 파이프오르간의 연주에 맞춰 하얀 가운으로 온몸을 덮은 성가대원들의 '거룩한' 입장으로부터 시작된다. 전원이 착석할 즈음 미사를 집전하실 신부님과 도우미 수사들이 뒤를 잇는다.

예배 중 특별 순서의 한 부분만 담당하는 개신교 성가대와는 달리 성공회 예배는 성가대가 미사 전체를 리드한다. 음악 미사이다. 모든 순서가 하나의 교향곡처럼 물 흐르듯 흘러간다. 각각의 시간이 기도이자, 예수님의 말씀이자, 헌신의 약속이다.

땀이 나고 손바닥이 빨갛게 되는 열정적 모습은 찾기 어려웠지만, 안온함과 평강이라는 단어를 형상화한다면 이런 모습이지 않을까 싶다. 어차피 소리 내서 하는 기도에는 부진했으니 그런 면에서는 훨씬 '이고코치居心地. 머무는 느낌'가 좋고 부담감이 없었다.

적당히 성스럽고, 적당히 평화로우며, 적당히 지적이고 이성적인 분위기는 무엇 하나 흠 잡을 것이 없었다. 주한 영국대사관을 바로 곁에 두고 있는 서울주교좌대성당은 건축적 아름다움까지 더하고 있었다. 그럼에도 불구하고 나는 내내 뭔지 모를 2퍼센트의 헛헛함으로 온전히 그 속에 녹아들 수가 없었다. 어디엔가 끝없이 의존적으로 살아가고 있다는 무력감이 가시질 않았다. 마셔도 마셔도 목이 마르고 갈증이 나는 듯했다.

오래전부터 거르지 않고 해 오던 기도가 있었다. 식사 기도는 깜박깜박 잊고 식사를 마치고 감사 기도로 대체하는 일이 자주 있지만 이 기도만큼은 필사적이었다. 바로 조석 기도다. 아침은 대강 누운 채로 주기도문을 짧게 묵상하는 것이고, 저녁은 무릎까지 조아리며 그나마 모양을 갖춘 기도다운 기도였다. 일과 중 잘못한 것도 떠올리고 좋았던 일도 떠올리며 감사하는 마음으로 하루를 갈무리하는 일종의 '스캔 기도'이다.

이 기도의 문제는 밥 먹는 기도보다 무게를 두며 해 오다 보니 어쩌다가 빼먹고 못하게 되는 날은 심한 죄의식이 마음을 짓누른다는 것이다. 너무 피곤하거나, 몸이 아프거나, 과음을 한 날이면 기도를 못해 마음이 무거웠다.

안 그래도 의타적이어야 하는 기독교 신앙의 기본 터전이 부대끼고 있는데, 시도 때도 없이 '눈칫밥'을 먹고 '눈치 잠'까지 자야 하는 게 은근히 부아가 났다. 하나님 딸인 줄 알았는데, 하나님 '노예' 같았다. 어디에 숨을 수도 없고 모르게 안 할 수도 없으니 난감하다. 하든 안 하든 소신껏 살고 싶은데 그게 용납이 안 되니 답답하기만 하다. 대체 언제까지 이렇게 매여 살아야 하나.

직장 일만으로도 골치가 아픈데 하나님까지 속을 썩인다. 이를 어찌해야 할지. 진퇴양난, 자포자기의 상태에서 성경을 들척여 본다.

답이 기다리고 있었다.

"너희가 내 말에 거하면 내 제자가 되고, 진리를 알지니 진리가 너희를 자유케 하리라."(요한복음 8:31~32)

자유!

얼마나 좋은 말인가. 지금 내게 필요한건 바로 이거다. 자유함!

예수님의 제자로서도, 한 인간으로서도 나는 자유해야 한다. 드디어 살길이 보였다.
　조건도 보였다. 자유는 공짜로 얻어지는 것이 아니다. 값을 치러야 한다. 자유만 손에 넣을 수 있다면 얼마라도 지불할 수 있을 것 같았다. "진리를 알지니……." 자유하려면 먼저 진리를 알아야 한다는 거다. 과제도 확실해졌다. 진리와 자유. 일거양득이다. 이거야말로 원 플러스 원이다. 다른 건 다 포기하고 양보해도 이것만큼은 타협하지 않으리라. 파울로 코엘료의 산티에고 목동처럼 나는 '진리'라는 보물을 찾아내리라 결심했다.

태어난 이유, 스바다르마

어렸을 때 나는 언제나 내가 원할 때마다 눈물을 흘릴 수 있었다. 학교에 들어가기 전이었다. 까만 어둠이 두려웠고, 그래서 어둠의 종결판인 죽음이 무서웠다. 태어난 이상 죽어야 하고, 죽으면 깜깜한 땅속에 영원히 묻혀 있어야 한다는 절대절명의 사실이 끔찍했다. 죽을 수도 없고, 안 죽을 수도 없는 딜레마였다. 왜 그런 생각을 했는지는 모르겠다.

새까만 땅속에 들어갈 생각만 하면 언제 어디서건 눈물이 났다. '이제부터 울어야지' 하고 자리를 잡고 나면 어김없이 주루룩 눈물이 흘렀다. 죽음에 대한 태생적 화두가 있었는지도 모르겠다. 이런 무섬증은 교회를 오가기 시작하면서 자연스럽게 해결이 되었다. 빛이고 사랑이신 하나님에 대한 이미지가 들어오면서 어둠과 죽음에 대한 무의식은 힘을 잃었나 보다. 밝은 곳만 보고, 사는 일만 생각하기로 했다.

　죽음을 겁 없이 받아들일 수 있게 되고 나니 언제부터인가 '탄생'이 문제가 되기 시작했다. 왜 태어났을까? 왜 하필 한국이라는 나라에, 여자로, 그것도 주로 일본에 살며 일본 사람을 친구로 두는 사람으로 태어났는지가 궁금해졌다. 어차피 죽음을 전제로 한시적으로 부여받은 삶이니 특정 목적이 있을 것이 확실했다. 그렇다면 나에게 주어진 특별한 임무는 무엇일까.

　의문이 명치끝에서 내려가지 않았다. 학생이니 공부하기 위해서? 때가 되었으니 결혼하기 위해서? 자식을 낳아 후손을 남기기 위해서? 일상적으로 행하는 온갖 일들을 들이대 봐도 만족스럽지가 않다. 이런 것들은 대부분 본능에 충실한 일들이다. 짐승도 아닌데 먹고 자는 일을 위해 태어나진 않았을 터. 자로 잰 듯 정해진 코스를 밟는 것 자체가 삶의 목적은 아닐 듯했다. 보다 근원적인 메시지가 있어야 했다.

　근원적 임무 original job라 함은 남녀, 동서양, 빈부, 학력, 외모 등과 같은 외적 차이와 무관한 것이어야 했다. 오로지 인간이라는 공통점 하나에 한결같이 대입시킬 수 있는 것, 그 누구에게나 적용될 수 있는 '보편적인 것'이 아니면 안 되었다.

　나는 이 세상에 왜 왔을까. 사람으로 나서 죽기 전에 꼭 해야 할 일은 무엇일까. 내게 주어진 역할은 무엇일까 하는 꼬물꼬물한 물음들이 꼬리를 이으며 머리를 가득 채우기 시작했다. 성경을 펴 보았다. 유일한 길이요, 진리요, 생명이신 예수님을 믿고 구원받는 것이 성경이 제시하는 지상의 목표이다. '구원 받는다'는 것이 또 걸린다. 교회 안에서 통용되는 공식 모범답안은 '죄 사함'을 받고 '천국에 가는 것'이다. 덮어놓고 믿을 때는 그게 되었는데 열어 놓고 믿으려 하니 이곳저곳이 삐걱거린다. 더 이상 두루뭉술한 답은 도움이 되질 않았다.

그게 아니면 누군가 내 오른 뺨을 때리면 왼편도 내주고, 원수도 그냥 사랑하라는 가르침이다. 성경은 아무래도 상급 코스용인가 보다. 찍소리 않고 분부하시는 대로 명을 받잡을 수만 있다면 얼마나 좋으랴. 하지만 상급을 자유자재로 운용하려면 우선 하급 코스에 익숙해져야 했다. 남을 사랑하려면 우선 나를 알고, 나 자신을 사랑할 수 있어야 하는 게 아닌가. 훗날 만났던 불교는 '내가 누구인가를 아는 것이 진정한 사랑'이라고 운을 떼고 있었다. 가려운 곳을 짚어 긁어 주는 시원한 글귀였다.

교인 행세를 하는 동안 조목조목 사유하며 올라야 했을 사다리를 '천국'만을 노리며 생각 없이 겅중겅중 지나왔으니 속사람의 키가 자라났을 리 없다. 무지한 채로 그런 척, 하는 척으로 포장된 '척하는 성도'인 주제에 '나는 성스럽네' 하는 심사로 영적 오만함만 자라고 있었다.

터놓고 말하자면 내 탓만도 아니다. 따질 것은 따지고, 분석할 것은 분석하면서 비교해 가며 이해에 깊이를 더해야 하는데 교회는 덮어놓고 믿는 믿음을 최고로 여겼다. 분석하는 것은 도마처럼 의심하는 죄를 짓는 것이고, 한술 더 뜨면 예수님을 팔아먹는 가룟 유다가 될 수도 있다. 조폭도 아닌데 믿음과 순종이라는 미명으로 나는 무지를 강요당해 왔던 것이다. 나오라면 나가고, 건축헌금 내라면 빌려서라도 내야 하는 줄로 '믿으며' 언제까지나 미성년인 상태에 머물도록 과보호를 받아 왔던 것이다.

옆 사람이 듣든지 말든지 목이 쉬어라 소리를 지르며 통성 기도를 하고 나면 속이 후련할 수도 있다. 흥에 겨워 손뼉을 치며 목청껏 복음성가를 부르고 나면 가슴속까지 시원해진다. 해 봐서 안다. 그러나 이러한 '감정적' 행위가 존재에 대한 명제를 근본적으로 해결하지는 못한다. 대신 중독성이 더해진다. 감성적 카타르시스에 익숙해지면 '약발' 이 떨어지기 전에 또 '맞아야' 한다. 일회용 밴드처럼 붙일 때 잠깐 상처가 가려지는 것뿐인데, 상처보다 밴드에 집착해 왔다. 장기 처방 후 소견은, '오감만 만족시키는 일회용으로는 성숙해질 수 없다'이다.

자극을 원하는 감각기관은 잠재우고 내면을 통찰할 수 있는 이성이 성성하게 살아나야 한다. 그래야 인간으로서 존재하는 목적을 이해하고 삶의 무거운 짐을 '지속적으로' 가벼이 하고 걸어갈 수 있다. 하나님도 시도 때도 없이 밥 달라고 보채는 새끼들보다 제 할 일 알아서 하고 가끔은 부모님 마음도 헤아릴 줄 아는 '철든 자식'을 기다리고 계실 것 같다.

겉으로는 멀쩡하지만 속으로는 이런저런 고민으로 전전긍긍, 노심초사의 나날을 보내고 있었다. 답답한 마음에 모래사장을 헤치듯 더듬더듬 인터넷 서핑을 하며 나를 수면 위로 끌어내 줄 '지푸라기'를 찾고 있었다. 그러다 마침내 허기를 해결해 줄 대어를 하나 낚았다.

스바다르마 SvaDharma!

'우주적 스스로의 몫'이라는 낯선 언어가 의식을 사로잡았다. 힌두 경전 중 하나인 『바가바드기타』였다. 인간에게는 저마다 부여된 생의 이유, 소명이 있다고 말하고 있었다. 이것은 행동하는 정신 자세이며 실참 법으로 다양한 요가 수련을 제시하고 있었다. 스바다르마라는 단어를 만나니 숨통이 트였다.

반가웠다. 내가 고민하고 있는 것이 뜬구름 잡는 혼자만의 공상이 아니라 태고로부터 체계화되어 있는 공식적 과제임을 증명 받는 순간이었다. 그뿐이 아니다. 더듬대다 보니 존재 이유에 대한 사유는 곳곳에서 발견되었다. '모든 존재는 그 스스로의 목적을 가지고 있다'고 아리스토텔레스도 한 말씀 거드셨다. 눈을 뜨고 보니 쟁쟁한 사람들이 내 편이었던 것이다.

'오직 예수, 오직 성경'만 고집하며 '다른 것(이웃)'에는 눈길도 주지 않다가 '듣보잡'이던 인도 철학 범주에서 첫 실마리를 찾고 나니 만감이 교차했다. 그 뒤로 나는 여타 정신세계에 대한 폭넓은 관심과 신뢰하는 마음을 갖게 되었다. 종교학의 창시자인 막스 뮐러 Friedrich Max Müller, 1823~1900는 "하나의 종교만 아는 사람은 아무 종교도 모른다"고 잘라 말했다. 딱 나를 두고 한 말 같았다. 뜨끔했다.

타 종교에 대한 이해를 도울 만한 책이 필요했다. 예상이라도 했던 듯 오강남 선생님은 또 선물을 주셨다. 일찌감치 『세계 종교 둘러보기』라는 책으로 세계 종교를 정리해 놓으셨다. 힌두교에서부터 불교, 자이나교, 유교, 도교, 그리스도교, 이슬람교, 동학에 이르기까지 세계지도 전체를 망라하는 것이었다.

이 한 권으로 심오한 종교철학을 다 알 수는 없지만 저마다 종교가 말하는 주제와 실천 항목을 이해하기에 충분했다. 그보다 확실한 것은 '나'를 알고, '우리'가 누구인지를 알기 위해서라도 열린 종교관을 갖지 않으면 안 된다는 작은 깨달음이었다.

 종교를 어떤 외형적 조직체나 일련의 교리 체계로 본다면 그런 종교는, 적어도 일반인의 지적 수준이 높아짐에 따라, 힘을 못 쓰거나 죽어 가는 것이 사실이다. 그러나 인간이 당면한 궁극적 물음을 물어보거나 삶의 참된 의미가 무엇인가를 추구하는 자세가 깊은 의미의 종교적 자세라고 한다면 인간은 누구나 종교적이지 않을 수 없고 시대가 바뀐다고 이런 종교적 자세가 줄거나 없어지지 않는다.(……)

 '인간'을, 좀 더 구체적으로 '우리 자신'을, 깊이 이해하는 것은 인간의 삶에 그토록 중요한 요소로 깊이 자리 잡은 종교를 이해하지 않고는 불가능한 일이라 해도 과언이 아니다. 종교를 읽음으로 거기에 투영된 인간 자신의 모습을 볼 수 있기 때문이다. 인간이 이루어 온

정치, 경제, 문학, 역사, 예술, 철학 등에 대해서 종교적인 요소를 감안하지 않은 채 다 이해했다고 장담할 수 있을까? '종교적 문맹'은 어쩔 수 없이 문화적, 역사적, 인류학적 문맹을 의미하기도 한다. 종교를 알아보는 것은 이런 의미에서 하나의 지성인으로서 가져야 할 '인문학적 관심'이라 할 수 있다.

-오강남, 『세계 종교 둘러보기』, 현암사, 2003.

어렵게 걸음마를 떼었다. 기독교라는, 나를 양육해 준 울타리를 벗어나 제 발로 삶과 세상에 대한 앎을 넓히고자 눈을 돌리기 시작했다. 예수님을 믿는 내가 누구인지, 진정한 자유를 위한 구원은 어디에 있는지를 '내가' 찾아야 했다. 누구도 대신해 줄 수 없는 사안이다. 아무리 부모님이 날 사랑한다 해도, 아무리 사랑하는 사람이 곁에 있다 해도 위임할 수 없는 일이다. 이 일만큼은 예수님도, 부처님도 해 줄 수가 없다. 배고픈 사람이 제 입으로 밥을 떠먹어야 제 배가 부른 것이다.

도마복음이 말하는 예수

다른 사람의 신발을 신고 10리를 걸어 보기 전에는 결코 그 사람을 판단하지 말라.

-인디언의 옛 속담

1945년 이집트의 한 마을에서 초기 기독교 복음서들과 기타 문서들이 발견되었다. 기원 후 50년경에 기록된 것으로 추정되는 문서들로 대화나 담화, 계시 등의 내용을 담고 있다고 한다. 신약의 복음서들보다도 20년이 앞선 것들이다. 『도올의 도마복음 이야기』와 오강남 교수가 풀이하신 『또 다른 예수』로 친숙해진 「도마복음」을 비롯해 「빌립복음」, 「구주의 대화」, 「요한의 비의서」, 「바울계시록」 등 모두 52종의 문헌이 나왔다. 우리가 접하지 못했던 또 다른 성경이다.

오랫동안 감추어져 있던 이 자료들은 놀라운 사실을 전하고 있다. 이 중 잘 알려진 도마복음은 성경인지 불경인지 구분하기 어려울 정도의 깊은 영성을 말하고 있다. 틱낫한 스님의 『살아 계신 붓다, 살아 계신 그리스도』를 보면, 프린스턴 대학교의 일레인 페이글즈Elaine Pagels 신학 교수는 도마복음을 이렇게 풀이하고 있다.

이 복음서는 '쌍둥이 도마'가 쓴 것이라고 되어 있는데, 히브리 문헌에서 '도마Thomas'라는 이름은 '쌍둥이'라는 뜻이다. 그러면 예수에게 쌍둥이 형제가 있었다는 뜻인가? 내가 생각하기에 이 표현은, 상징적으로 사람들 개개인의 깊은 차원에서 보면 예수와 '쌍둥이'라는 것, 하나님의 아들과 한 태에서 나왔다는 것을 발견하도록 하려는 것이 아닌가 생각된다.

「싸우는 자 도마의 복음서」에서 예수가 도마에게 다음과 같이 말하고 있다.

"네가 나의 쌍둥이 형제요 나의 참된 동행자라 하니, 네가 네 스스로에 대하여 알지 못함이 마땅하지 아니하도다. 그러므로 네가 나와 동행하는 동안, 비록 네가 이해하지 못할지라도, 너는 이미 네 스스로에 대하여 알게 되었으니, 너는 이제 '스스로를 아는 자'일컬음을 받으리라. 누구든지 스스로를 알지 못하는 자는 아무것도 알지 못하나, 스스로를 아는 자는 이미 만물의 깊이를 이해하였느니라."

-틱낫한, 『살아계신 붓다, 살아계신 그리스도』, 한민사, 1997.

이는 예수님이 도마에게만 하신 말씀일까? 우리도 예수님의 쌍둥이 형제요, 참된 동행자라고 읽을 수 있다. 도마에게 그러하셨듯이 예수님은 우리가 우리 자신에 대해 알지 못하는 것이 마땅하지 않다고 말씀하고 계신다. 도마복음은 자기를 바로 아는 것이 힘든 일이지만 나를 찾는 구도의 길을 포기하지 말고 끝까지 가라고 격려하고 있다.

구하는 자는 찾을 수 있을 때까지 구할지니, 찾으면 혼란스러워지고, 혼란스러워지면 놀라리니, 그제야 저가 모든 것을 다스리게 되리라.(도마복음 제2절)

-오강남, 『또 다른 예수』, 예담, 2009.

기독교에는 보편성과 특수성이라는 두 얼굴이 있다. 낮은 곳으로 임하며 '모든 사람'을 대상으로 실천해 보여주셨던 예수님의 이웃사랑이 보편성이라면, 오직 예수를 통해야만 구원이 있다는 배타적 주장이 특수성에 해당된다. 종교신학은 다양한 이론으로 그리스도교의 양면성을 풀이하고 있다.

폴 니터Paul Knitter는 그의 저서 『종교신학입문』에서 네 가지 모델로 그리스도교와 타 종교 간의 관계를 정리하고 있다. '참된 종교는 단 하나다'를 주장하는 대체모델, '한 종교가 다른 많은 종교를 완성시킨다'고 하는 완성모델, 여기서 한 종교라 함은 그리스도교를 지칭한다. 셋째로 많은 참된 종교들과의 대화와 관계를 중시하는 관계모델, 마지막으로 종교 간의 차이를 그대로 인정하고 받아들이고자 하는 수용모델이다. 각각의 범주는 저마다 의미 있는 주장이나 문제점이 있다고 지적하고 있다.

폴 니터 자신이 "나는 붓다 없이 그리스도인일 수 없었다"고 고백했듯이, 이 책은 타 종교와의 대화와 소통의 중요성을 일관되게 강조하고 있다. 진리는 대화를 통해서만 인식될 수 있으며 종교 간의 대화 없이 인류의 안정은 담보될 수 없기 때문이다. 각 종교는 '대화 공동체'로서 서로 간의 차이와 다양성을 존중함으로써 조화로운 다원주의를 성숙시켜 나가야 한다는 것이다.

신학자 에드워드 스힐레벡스Edward Schillebeeckx는 "자기만이 진리를 소유하고 있고 나머지 전체는 잘못된 길에 빠져 있다는 확신은 더 이상 용납되지 않는다", 그리고 "다원성은 단순히 '사실의 문제'가 아니라 '원리의 문제'"라고 말한다. 폴 니터의 표현을 빌리자면 "모든 이를 위한 하나의 유일한 길은 없으며, 실재는 본래 풍요로우며, 뒤엉켜 있고, 신비롭다"는 것이다.

『예수와 또 다른 이름들』에서 폴 니터는 다원성을 인정하지 않는 대화는 혼자서 거울을 보고 이야기하는 것이라고 말한다. 예수가 '참된 구원자'임을 인식하는 것과 예수만이 '유일한 구원자'라고 인식하는 것은 다르다는 이야기다. 왜냐하면 "타자의 존재 가능성이 예수에 대한 신실한 추종을 방해하지 않으며, 제자 됨을 요구하는 것은 '참으로'일 뿐, '오직'이 아니기 때문"이라고 부연한다. 우리는 "예수를 통해 하느님을 온전히 만나지만 그로써 하느님의 온전함을 파악할 수는 없는 것"이다.

실제로 바티칸공의회는 1964년 '비非그리스도교와 교회의 관계에 대한 선언Nostra Aetate, NA'에서 다른 종교에도 종교적이고 인간적인 귀중한 가치들이 있음을 대담한 어조로 인정하고 있다. 하나님의 사랑과 구원은 교회라는 울타리 안에 갇혀 있을 수 없다고 선언하고 있을 뿐만 아니라, 더 나아가 자신의 양심에 따라 사는 무신앙자(무신론자)도 하나님 뜻을 따르면 '구원'을 얻을 수 있다고 밝히고 있다.(「교회에 관한 교의 헌장Lumen Gentium, LG」 16 참조)

바티칸은 이후 꾸준히 개방과 대화의 자세를 표방하고 있다. 1991년은 종교 간 대화위원회와 복음주의협회가 함께 작성한 '대화와 선포'에서 "세계 종교들이 신의 구원 질서 안에서 신의 뜻에 따라 그 역할을 다하며, 타 종교들 안에서 타 종교들을 통해 사람들이 진정 하느님을 발견하고 하나님과 이어져 있다"고 천명했다.

종교 신학의 개척자 칼 라너Karl Rahner는 그리스도교 전통에 대한 연구와 깊은 영성 생활을 통해 하느님의 세계는 그리스도교를 훨씬 능가하는 드넓은 세계라고 확신했다. 라너는 "하느님은 힌두교, 불교, 이슬람교와 토착 종교들의 교리와 실천 안에서, 그것을 통해 당신 자신을 보여주신다"고 말하고, 불자는 "불교를 믿음에도 불구하고 구원받는 것이 아니라 불교를 믿기 때문에 구원받았다"고 지적한다. 라너의 종교신학은 타 종교인은 질문거리만 가지고 있고, 그리스도인이 해답을 안고 있다고 보지 않는다. 양쪽 모두 물음과 해답을 간직하고 있다고 밝히고 있다.(폴 니터, 『종교신학입문』 참조)

우리가 그리스도교 신앙을 지적으로 신중하게 진술할 때에는 (……) 그 목적을 달성하기 위해 다른 종교의 교리를 부분적으로 포함시켜야 한다. 우리는 창조 교리를 가지고 은하계가 존재한다는 사실은 설명하지만 『바가바드기타』가 존재한다는 사실은 어떻게 설명하려고 하는가?

-윌프레드 캔트웰 스미스

(폴 니터 지음, 유정원 옮김, 『종교신학입문』, 분도출판사, 2007.)

다양성을 인정하는 종교 다원주의는 기독교의 특수성을 부정하는 것이 아니라 확대하는 것이다. 구원의 복음은 옹졸한 문자주의가 아닌 환기적 독법으로 읽어 낼 때 예수님의 보편적 사랑으로 구현될 것이다. 그때 비로소 그리스도교는 인종과 종교를 초월한 모두의 복음이 되어 이 땅에 진정한 하나님의 나라를 건설하는 믿음직한 일꾼이 될 것이다. 도마복음 속의 예수님은 우리에게 영혼의 민주화를 위해 나아가라고 말씀하고 계신다. 공관복음이 읽히기 20년 전부터 말이다.

수행을 만나다

거대한 퍼즐을 맞춰 가는 것 같다. 자유를 얻기 위해서는 진리를 알아야 했고, 진리를 알아보려면 먼저 '내'가 누구인지를 알아야 한다는 지점까지 왔다. 이제 그다음이 문제다. 부모님도 다 알지 못하는 나를 대체 어디 가서 누구에게 묻는단 말인가? 담장 밖으로 나서기는 했는데 어디로 가야 할지 막막했다.

이럴 때면 찾는 곳이 있다. 광화문에 있는 교보문고다. 지금은 강남 교보문고며 이곳저곳 대형 서점이 자리 잡고 있지만, 언제부터인지도 모르게 광화문 땅속에 펼쳐진 지하 왕국, 교보문고야말로 한결같은 나의 위안처이자 충실한 멘토다. 동서고금의 지식들이 빼곡하게 쌓여 있는 지혜의 보고이자 책의 궁전, 교보문고에서 풀리지 않는 문제는 없었다. 생로병사, 희로애락 인생의 전 과목을 음미하고 소화할 수 있는 곳이다.

물고기가 물속을 헤엄치듯 책 내음에 취해 이곳저곳을 거닐다 보면 반드시 나를 기다리고 있던 '배필'을 만나게 된다. 그날도 그러했다. 아니 그 어느 때보다 더 간절하고 애타는 마음으로 나와 눈이 맞을 '상대'를 기대하며 이 책 저 책 뒤적이고 있었다. 얼마나 지났을까 다리도 아프고 서서히 지쳐 갈 즈음 섬광처럼 눈이 번쩍 뜨이는 글귀가 시선을 사로잡았다. 흔한 그림 하나 없는 새하얀 표지 위에 반듯한 자태로 까만 글자들이 빛을 발하고 있었다.

'수행은 특별한 것이 아니다.'

수행은 특별한 것이 아니다? 수행? 살아오는 동안 들어 본 적도, 입 밖으로 내뱉어 본 적도 없는 낯설기만 한 단어였다. 그런데 보이지 않는 무언가가 손에 잡히듯 강렬한 확신으로 전달되어 왔다. 마치 바다 속에 감춰진 거대한 바위섬처럼. 수修, 행行, 이 두 음절이 나를 건져 줄 생명줄 같아 보였다. 한 걸음 한 걸음 천천히 책을 향해 다가갔다. 보물을 찾은 듯 두 손으로 책을 집어 들고 하드커버로 덮여 있는 표지를 펼쳐 보았다.

정말 우리 자신은 진정으로 자유롭고 평등하고자 하는가? 달리 표현하면 인간답고자 하는가? 존재답고자 하는가? 개인에 있어서 사회에 있어서 또 일부분에 있어서 나와 너의 인간관계 또 나와 사회의 인간관계에 있어서 정말 존재 그 자체로 있는가? 인간다울 수 있고 존재다울 수 있다면 이것이 곧 진정한 자기 혁신이며, 곧 세계의 혁신이다. (……) 과연 우리는 삶에 있어서 나의 건강성을 어느 분면에서 파악하고 있는가? 깨침이라는 게 거창한 게 아니다. 이것이 깨침이다. 이것을 깨치지 못했기 때문에 궁극적으로 깨쳐질 수 없다.

수행修行은 문자 그대로 닦는다는 것이다. 사람답고자 사람답게 살고자 닦는 것이다. 수행은 특별한 수속이나 기술을 요하지 않는다. 삶과 현장에 대한 치열한 문제의식, 그것이 수행의 동기이고 수행의 동력이다. 삶을 떠난 수행은 없다. 그리고 수행을 떠난 삶도 없다.
―유상강설, 『수행은 특별한 것이 아니다』, 방하, 2004.

너무 기뻐 그 자리에 주저앉을 뻔했다. 아니 정신이 번쩍 들고 꽉 막힌 가슴에 숨통이 터지는 것 같았다. 천군만마를 만난 듯 반갑고 든든했다. 내 마음을 알아주는 그 누군가가 있다는 안심에 외로움은 안개 걷히듯 사라지고 힘이 솟았다.

서둘러 계산을 끝내고 집으로 달려 왔다. 한시라도 빨리 이 책을 만나야 했다. 차례를 보니 더욱 가슴이 뛴다. 수행이란, 수행은 왜 하는가, 생활과 수행, 마음을 찾고 닦는 것이 수행이다, 진실된 나를 찾는 것이 종교다, 모습과 형상에 예배하지 않는다, 수행은 특별한 것이 아니다 등등 무엇 하나 솔깃하지 않는 것이 없었다. 고스란히 나를 위해 태어난 책이었다. 천생의 연분을 만나면 이런 확신이 드는 걸까? 기쁘고 또 기뻤다.

"진실된 나를 찾는 것이 종교다."
"진실된 나를 찾는 것이 종교다."

읊조리며 책장을 넘겼다. 내용에 빠져들어 한참을 읽고 있었다. 얼마나 지났을까 교통사고처럼 어떤 문장에 부딪히면서 온갖 생각이 산산조각이 나 버렸다. 하얗고 멍해졌다.

오온五蘊이 개공皆空하다.
응무소주 이생기심應無所住 而生其心

모두 빈 것이라…….
마음이 있으되 머물지 않는 마음이라니…….

"이거구나!"
무릎을 쳤다. 꼭꼭 잠긴 수많은 문들을 열 수 있는 마스터키를 찾은 것 같았다. 바른 길에 들어섰다는 확신이 들었다. 이 열쇠로 지금껏 잠겨 있던 방문을 열게 되면 얼마나 놀라운 광경을 보게 될까? 가슴이 뛰었다.

인간은 색色·수受·상想·행行·식識이라는 다섯 가지 무더기가 잠시 모인 것이다. 이는 본시 실체가 없는 공空한 것이라는 설명이 뒤를 이었다. 생의 조건이 그러하니 살면서는 마땅히 머무는 바 없이 그 마음을 내어야 한다는 말이다. 고도로 세련된 마음 술術이다. 지금까지 들어 보지 못한 새 소식이고 새 복음이었다.

지금까지 나의 멘토는 예수님뿐이었다. 예수님은 사랑이라는 총론을 말씀하셨고, 각론인 세부 실천 방안은 대변인 격인 바울의 말씀이 전부였다. 물론 그것도 큰 힘이 되었다. 그럼에도 불구하고 길을 나선 것은 예수님이 명하신 뜻을 찾기 위함이다. 자유롭게 하는 진리, 그것을 알아야 한다. 왜냐하면 나는 예수님의 제자이기 때문이다. 스승의 가르침을 알지 못하고 따른다는 것이 말이 되는가. 착하고 충성된 제자가 되기 위해서 나는 나의 몫을 다해야 한다.

성경이 아닌 경전은 애써 외면해 왔다. 그렇게 하는 게 바른 신앙인 줄 알았다. 사랑이 무엇인지, 진리가 무엇인지도 모르는 채 성경만 고집했다. 그런데 머무는 바 없이 마음을 내라니……. 이 무슨 소식인가? '응무소주 이생기심'이라는 여덟 글자 안에 사랑도 진리도 다 들어 있는 것 같았다. 아니 성경이 통째로 들어앉아 있는 듯도 했다.

삶이 이렇게 쿨할 수만 있다면 얼마나 좋을까, 하는 구체적인 새 소망이 더해졌다. 나중에 알고 보니 '오온개공'은 반야심경의 첫 구절이고, '응무소주 이생기심'은 금강경 제10장에 나오는 너무나도 유명한 말이었다. 반야심경이 뉘신지 금강경이 어디에 좋은 것인지 도통 앞뒤를 가리지 못하던 때, 무지한 순복음 교인은 그렇게 이웃

나라 불국토를 향해 한 걸음 한 걸음 나아가고 있었다.

반야심경般若心經은 8만 4000자나 된다는 불교 경전의 핵심을 단 260자로 응축해 놓은 한 장짜리 경전이다. 불교 사상의 에센스를 담고 있는 가장 짧은 경이다. 읽을 때마다 새로운 깊이를 맛보게 되는 매력덩어리다. 교회에서 주기도문을 암송하면 사람들이 슬금슬금 일어나 식당이나 주차장을 찾듯, 사찰에서는 반야심경이 주기도문 역할을 대신한다. 모든 예식의 마지막을 장식한다. 법문도 그 좋은 염불 내용을 다 잊어도 이것만은 명심하며 살자는 뜻일지도 모르겠다. 잘 알려져 있는 색즉시공 공즉시색色卽是空 空卽是色도 반야심경에서 출세한 대표적 유행어다.

금강경金剛經은 무엇인가. 선종禪宗에서도 으뜸으로 치는 대승불교의 초기 경전이다. 공空이라는 말을 한 마디도 사용하지 않으면서 선불교禪佛敎의 핵심인 공 사상을 설하고 있는 심오한 경전이다. 붓다와 수제자인 수보리와의 짧은 대화 형식을 취하고 있다. 길지 않은 32가지의 이야기 모음집이다. 재미는 물론, 무릎을 치게 하는 구절들이 심심치 않게 튀어 나온다. 종교를 초월한 뛰어난 고전이다. 교양인의 필독시임에 틀림없다. 일단 한번 펼쳐 보시라. 절대 손해 안 본다. 물론 지옥도 안 간다.

수행은 특별한 것이 아니다. 내 당면 과제인 '진리 안에서 자유하기'를 끝내려면 해야 한다. 부수 효과도 많을 것 같다. 하나님께 더 가까이 갈 수 있을 듯하고, 무엇보다 매사에 머물지 않으며 마음을 내는 근사한 삶을 살 수 있을지도 모르겠다. 얼마나 멋진 일인가. 거의 로또나 다름없다. 수행을 하자. 이건 선택이 아니라 필수다.

#4

수행은
특별한것이
아니다

1박 2일 성지순례

수행은
특별한 것이
아니다

　독학을 한 지 얼마나 되었을까. 시간이 지날수록 누군가의 도움이 절실해졌다. 단맛인지 쓴맛인지 도통 알지 못하는 수행이라는 것을 하려면 어떻게 먹고 어떻게 소화해야 하는지 안내해 줄 조력자가 필요했다. 책을 통해 만났던 현각玄覺 스님이 떠올랐다. 진리에 대한 갈증을 좇아 구도자가 되어 치열하게 수행자의 길을 걷고 있는 현각 스님을 뵈면 내게 꼭 맞는 조언을 얻을 수 있을 것 같았다. 그가 '교인'이었다는 사실도 내심 위안이 되었다.
　하지만 스님이 계신다는 화계사 국제선원을 찾는 데는 꽤나 여러 날이 필요했다. 일요일마다 서울 국제선원이라는 곳에서 법문이 있다는 것은 알았지만 선뜻 나서지지가 않았다. 교회에 인이 박힌 사람이 제 발로 절(寺)을 찾는다는 것이 쉬운 일은 아니었다. 여전히 일요일은 클라라로 성공회 예배를 드리고 있었고, 모범적인 성가대원으로 반나절 이상을 교회에서 보내야 했다. 한쪽 발은 이미 앞을 내딛고 있었는데 나머지 발 한쪽이 머뭇거리고 있었다. 대신 시간이 날 때마다 화계사 사이트를 찾으며 선원의 동정을 살피고 게시판을 둘러보며 그곳에서 수행하고 있을 사람들의 모습을 그려 보았다.

우물쭈물 하고 있던 어느 날, 공지사항 게시판에서 눈에 확 들어오는 제목을 발견했다. '1박 2일 성지순례, Guiding Teacher 현각 스님'이라는 안내문이었다. '성지'라는 말에 마음이 혹했다. 줄곧 교회에서 들어 왔던 익숙한 단어를 보는 순간 그간의 경계심이 사그라졌다.

'성지순례라, 이건 하나님도 이해하실 거야! 성지잖아?'

단호한 마음이 들어섰다. 토요일, 일요일, 주말, 이틀 동안의 순례 일정이었다. 예배 대신 성지를 택했다.

10월 말 조석으로 한기가 느껴지는 완연한 가을이었다. 출발하는 날 새벽 5시까지 수유리 화계사에 도착해야 했다. 집에서 가는 시간을 고려하면 최소 두 시간 전에는 일어나야 했다. 새벽이 아닌 한밤중에 자리를 털고 일어나 세수를 해야 하는 좀처럼 경험해 보지 못한 상황을 맞이했다. 스스로 요상하다는 생각이 들 정도로 낯선 '현실'이었지만 가야만 했다.

새벽길을 달렸다. 왕복 8차선의 널따란 강변북로는 휑하니 가로등만 여린 불빛을 뿜어내고 있었다. 사방이 고요했다. 나는 지금 어디를 향해 달리고 있는 것인가? 지금 왜 이 길 위에 있는가? 대답할 수 없는 까만 물음들이 꼬리를 물며 낯선 새벽길을 더욱 낯설게 했다. 어두컴컴한 고요가 나를 대신해 답을 하고 있는 것 같았다. 의심이 들수록 액셀러레이터를 더 힘 있게 밟았다. 내가 할 수 있는 유일한 몸짓이었다. 얼마를 그렇게 달렸을까, 내비게이션이 목적지 도착을 알려 왔다.

"목적지 부근에 도착하였습니다. 안내를 종료합니다."

내가 의도한 목적지는 강북구 수유리에 있는 화계사, 사찰 건물이 아니다. 나를 안내할 '셰르파 sherpa'가 있는 곳이다. 그뿐이다. 어두컴컴해 주변은 아무것도 보이질 않았다. 울긋불긋한 단청이 보이지 않아서일까, 절이라는 거북한 느낌은 들지 않았다. 암흑 천지가 좋을 때도 있다. 외형에 의식을 빼앗기지 않을 수 있어 다행이라는 생각이 들었다. 주차를 하고 나니 유일하게 빛을 발하고 있는 대형 관광버스가 눈에 띄었다. 빛을 따라가 버스에 올랐다. 듬성듬성 사람들이 앉아 있고 오르락 내리락 분주해 보이는 사람들이 보였다. 적당히 앞자리를 하나 골라 자리에 앉았다. 낯설지만 조용한 어둠이 나쁘지 않았다. 부디 나를 '천국'으로 데리고 가기를······.

도착한 인원을 파악하고 출발 시간이 임박해 오자 한눈에도 알 수 있는 현각 스님이 차에 오르셨다. 나는 잠이 덜 깬 게슴치레한 표정인데 스님은 한낮처럼 밝은 표정이다. 환한 얼굴로 차 안을 빙 둘러보며 활기차게 인사를 하셨다.

수행은 특별한 것이 아니다

"잘 왔어요!"

무명을 깨우는 소리 같았다. 모두에게 일일이 눈길을 건네며 인사하는 모습이 인상적이었다. 나중에 안 일이지만 그분에게 나는 유일하게 낯선 사람이었다. 화장기 없는 맨 얼굴에 두 눈에는 한가득 의문을 담고 앉아 있는 생면부지의 사람이 눈에 띄셨나 보다. 버스가 출발하고 도심을 벗어나자 스님은 내게 말을 걸어 주셨다. 얼마나 반가운 일인가. 안 그래도 궁금한 것, 묻고 싶은 게 한두 가지가 아니었는데.

"안녕하세요. 이름이 뭐예요?"

유창한 한국말이다.

"성소은입니다."

"만나서 반가워요! 괜찮으면 옆에 앉아도 될까요?"

동석을 하게 되면서 자연스럽게 내가 지금 왜 이 자리에 있는지를 말씀드릴 수 있었다. 나는 불자가 아님을 강조하기 위해 제일 먼저 "저는 교인입니다"라고 첫인사를 건넸다. 그 한마디에 이미 모든 걸 알고 있다는 표정이다. 해님 같은 환한 미소를 보이셨다. 얼음이 녹듯 경직되었던 마음이 풀어졌다. 적어도 잘못 온 것은 아니라는 안심이 분주한 마음을 쉬게 해 주었다.

성지순례는 내게 성령 충만한 은혜의 시간이었다. 명치에 걸려 있던 질문들을 토해 내듯 꺼내어 물었다. 그때마다 스님은 주저 없이 명쾌한 답변으로 막힌 곳을 뚫어 주었다. '특별 부흥성회'는 이미 흔들리는 버스 안에서 시작되었다.

"스님, 성경에 보면 '내가 곧 길이요, 진리요, 생명이니 나로 말미암지 않고는 아버지께로 올 자가 없느니라'(요한복음 14:6)고 말하고 있습니다. 저의 이런 외도는 죄가 되는 건가요? 이 구절을 어떻게 이해해야 되나요?"

도대체 어떤 대답이 나올까, 혹시 답을 못하는 건 아닐까 하는 불안한 마음으로 조심스레 질문을 드렸다. 질문하면서 대답할 사람이 걱정이 되기는 처음이었다.

그런데 스님은 순간 손가락은 내 심장을 가리키고, 눈동자는 내 눈을 뚫어져라 응시한 채, 또박또박 말씀하시는 거다. 말이 아니라, 선언이었다.

"'네가' 곧 길이요, 진리요, 생명이니 '나! 나! 나!'로 말미암지 않고는 아버지께로 올 자가 없느니라."

"……"

온몸에 전율이 흘렀다.

몇 십 년간 온몸을 친친 휘감고 있던 밧줄이 일순간에 풀어지는 듯했다.

'그래! 이거야……'

눈물이 날 뻔했고, 이후 나는 시도 때도 없이 눈물이 맺히는 울보가 되었다.

수행은 특별한 것이 아니다

이 시간 내가 '스님'과 함께 앉아 있는 낯선 현실이 친숙한 기시감 既視感으로 다가왔다. 무엇인가 길을 제대로 찾았다는 안도감이 밀려왔다. 또한 내 불안을 일거에 종식시킨 명쾌한 답변으로 현각 스님이 길을 물을 수 있는 안내자로 '합격'하는 순간이기도 했다. '이 사람이다. 이분이라면 내게 맞는 가르침을 주실 것이다'라는 확신이 들었다.

생 초짜의 구도의 길은 파란 눈을 가진 외국인 스님을 만나게 되면서 새로운 국면을 맞이하게 되었다. 움이 트고, 새싹이 돋고, 결국은 활짝 만개해 화려한 꽃향기로 가득해질 순간이 보이는 듯했다. 경부고속도로가 이렇게 막힘없이 뚫려 길을 내기는 처음이었다.

1박 2일간의 순례 일정은 김천에 있는 천년고찰 직지사에서 1박을 하면서 경내를 둘러보고 예불과 참선을 경험하는 것이었다. 이튿날은 비구니 전통강원 중 하나인 청암사를 방문해 그곳에서 출가 수행 중인 캐나다에서 온 외국인 비구니 스님을 격려하고 대중스님들께 공양을 올리는 것으로 마무리가 되었다. 무엇 하나 흐릿한 게 없는 벅찬 감동의 연속, 불교 세계를 본 첫 경험이었다.

직지사에 도착하자 모두들 대웅전이라는 간판이 붙어 있는 큰 건물로 향했다. 신발을 벗고 들어서기가 무섭게 다들 엎드려 절을 했다. 나는 무리에 휩쓸려 법당에 들어가긴 했지만 절은 하지 못했다. 어떻게 하는 것인지도 모르고 왜 해야 하는지도 모르기에 그냥 따라지지가 않았다. 잠시 머뭇거리다가 자리도 비좁고 해서 조용히 밖으로 나왔다.

현각 스님이 뒤따라 나오셨나 보다. "절 안 해도 돼요. 괜찮아요" 하시며 따뜻한 미소를 보여주셨다. 크리스천으로서 가질 수 있었던 불편함을 아시고 세심하게 배려해 주신 것이다. 누가 스님을 사탄이라고 했던가.

이후 이틀 동안 현각 스님은 사찰 구석구석을 안내해 주며 경내에 배치되어 있는 물건이나 그림 등의 의미를 설명해 주셨다. 무엇 하나 의미 없이 놓여 있는 것이 없고 뜻 없이 새겨진 것도 없었다. 그대로 법문이 되었다. 특히 사물四物과 십우도十牛圖에 대한 설명은 마음을 울렸다. 불교는 참 인간적이고 아름다운 종교라는 생각이 들었다. '예수 천당, 불신 지옥'이라 했는데, 여기도 이미 천당이었다. 1700년 전부터.

불가에서 일컫는 사물四物이라 함은 풍물놀이가 아니라 범종, 법고, 운판, 목어 네 가지로 구성되어 있는 경내 시그널 도구를 일컫는다. 저마다 관장하는 구역이 있다. 범종은 중생(인간)을 위함이고, 법고는 네 발 달린 짐승, 운판은 공중에 나는 새와 사자死者의 영혼을, 목어는 물고기들의 영혼을 제도하기 위한 소리라고 한다. 아침 저녁으로 사물이 울릴 때마다 천지간에 온갖 생명 있는 것들이 깨어나고 소생되기를 염원하는 것이다. 웅장한 스케일에 기독교가 작아지는 순간이다. 교회는 사람만 대상으로 하는데 불교는 숨찬 모든 생명체를 아우르고 있었다.

수행은 특별한 것이 아니다

그뿐인가, 사람이라 해서 다 같은 사람이 아니다. 믿어야 사람이다. 안 믿으면 즉각 사탄이 된다. 나는 옳고 교회 나오지 않는 너는 그르고, 나는 희고 믿지 않는 너는 까맣다고 편을 가르는 우리 기독교가 부끄러웠다. 예수님이 흘리신 보혈의 피를 믿어야만 선민이 되는데, 예수님보다 먼저 태어나신 어른들에 대한 특별법은 들어 보지 못했다. 그분들은 구원의 기회조차 없었다. 이래도 되는지, 교회는 답을 해야 한다. 기본부터.

십우도는 인간의 본성을 소(牛)에 빗댄 영적 이야기였다. 한 사람이 진아眞我, 자신의 참 모습(本性)을 찾아 떠나는 일련의 구도여행도다. 사방으로 둘러싼 벽면을 따라 열 폭으로 신비한 도정이 그려져 있었다.

첫째는 심우尋牛다. 내가 누구인지를 알고자 '찾아 헤매는' 수행의 입문을 뜻한다. 다시 말해 발심發心이다. 나는 누구인가, 왜 사나, 어디서 와서 어디로 가는 것인가, 이런 내면의 물음을 품게 되는 때다.

둘째는 견적見跡이다. 소의 발자국을 발견하고 그것을 따라가는 것으로, 눈을 뜨고 본성의 자취를 느끼는 과정이다. 어딘가에 있을 '진정한 나, 진리'를 찾아 떠나 보이지 않는 흔적을 찾아 더듬거리며 정진하는 과정이다.

셋째는 견우見牛다. 소의 꼬리를 발견하며 수행자가 사물의 근원을 '보기' 시작하여 견성見性에 가까웠음을 의미한다. 긴가민가하던 실체를 보는 것이다. 내가 무엇인지, 성령이 무엇인지, 공이 무엇이며 색이 무엇인지를 맛보게 되는 해오解悟다.

넷째는 득우得牛다. 소의 꼬리를 잡아 고삐를 건 모습으로 자신의 마음에 있는 불성佛性, 참나을 '꿰뚫어 보는' 견성의 단계를 뜻한다. 산 오름의 정상이다. 부분 부분밖에 보지 못했던 세상, 있는지 없는지도 몰랐던 트인 세상을 훤히 조망하게 되는 생의 절정이다. 천지를 품게 되는 호연지기의 순간이며, 백악관 주인인 오바마와 재벌 이건희 회장이 한 움큼도 부럽지 않은, 성령으로 충만한 단계이다.

다섯째는 목우牧牛다. 소에 코뚜레를 뚫어 길들이며 '끌고 가는' 모습이다. 얻은 본성을 수행으로 길들이는 단계로 소도 점점 흰색으로 변화된다. 진짜 수행의 단계이다. 찾고 보고 맛본 것을 참으로 내 것이 되게 체화하는 과정이다. 많은 수행자들이 넘어지는 때이기도 하다. 애써 찾은 것을 잃기도 하고 흰 소가 아닌 광우狂牛, 즉 미친 소가 되기도 한다. 수행의 진가가 판가름되는 중요한 단계이다.

여섯째는 기우귀가騎牛歸家다. 흰 소에 올라타 피리를 불며 '집으로 돌아오는' 모습이다. 더 이상 아무런 장애가 없는 자유로운 무애無碍의 단계로, 더할 나위 없이 즐거운 때이다. 이는 고비인 다섯 번째 단계를 성공적으로 마친 수행자들이 지복을 누리는 때이다. 반야심경이 말하는 심무가애心無罣碍 무가애고無罣碍故 무유공포無有恐怖로, 자신을 찾은 연후에 오는 트인 삶, 마음에 아무런 주저함도 없고 공포도 없는 자유자재하는 단계이다. 하는 일마다 막힘이 없이 저절로 되는 무위無爲의 경지다.

수행은 특별한 것이 아니다

일곱 번째는 망우재인忘牛在人이다. '소는 없고' 수행자만 앉아 있다. 소는 단지 방편일 뿐 고향에 돌아온 후에는 모두 잊어야 함을 뜻한다. 무아無我다. 나 없음을 알아 버린 수행자가 '없는 나'가 되어 집으로 돌아온다. 삶은 '있는 나'를 방편 삼아 영위하는 영원한 현재로서의 축복이자 또 다른 기회이다.

여덟 번째는 인우구망人牛俱忘이다. 소도 사람도 실체가 없는, 모두 '공空'임을 깨닫는다는 뜻으로 텅 빈 원상만 그려져 있다. 나도 없고 너도 없다. 너가 나이고 내가 너다. 일체개공一切皆空이라고 말한다. 모든 것이 공함으로 하나 된 세상이다. 다른 말도 있다. 불이不二다. 나와 너가 둘 아닌 한배의 형제자매이며, 기독교와 불교도 뿌리는 하나로 통한다는 얘기다. 이무소득고以無所得故, 달리 얻을 것도 없다. 이미 온전한 것을 알 뿐이다.

아홉 번째는 반본환원返本還源이다. 잔잔히 강이 흐르고 붉게 꽃이 피어 있는 산수 풍경만 그려져 있다. '있는 그대로'의 세계를 깨닫는 경지이다. 눈앞에 펼쳐져 있는 우주만물을 아무런 번뇌 없이 있는 그대로 투영해 하나가 된다. 증득證得한 세상이다. 있는 그대로가 진리다. 여여如如함이다. 퇴옹 성철 스님은 이를 "산은 산이고, 물은 물이다"로 설하셨다.

이쯤 되면 소위 도사의 경지일 터. 이런 세상을 살 수 있다면 한번 닦아[修] 볼 만한 것 아닌가? 십우도를 보며 나를 돌아보게 된다. 언젠가 '집에 돌아와' 유유자적할 날을 꿈꾸며 수행의 투지를 다짐하게 한다. 힘 있는 그림이다.

마지막 열 번째는 입전수수入廛垂手다. 지팡이에 도포를 두른 행각승의 모습이나 목동이 포대화상布袋和尙과 마주한 모습으로 그려진다. 중생의 골목에 들어가 손을 드리운다는 뜻으로 중생衆生 제도를 위해 '속세로 나아감'을 뜻한다. 개인의 수행을 뭇 사람들과 나눔으로써 온전히 세상에 환원하는 것이다. 불가에서는 회향廻向이라는 향기로운 말로 표현한다. 받고 얻은 것을 다 풀어내는 시절이다. 나누지 않고 가져갈 것이 무엇 있는가. 결국에는 이웃에게 베푸는 것일 뿐.

베푼다는 말도 맞지 않는 것 같다. 빈손으로 세상에 와 거저 얻은 것이니, 거저 돌려준다고 해야 맞겠다. 그래서 빈손으로 돌아가면 되는 것. 금강경이 말하는 무주상보시無住相布施이다. 내가 누군가에게 무엇을 베풀었다는 생각마저 여의는 것이다. 일체의 상像, 머무는 마음이 없이 베푸는 허공 같은 나눔이다.

이것만 알아도 우리 사회가 얼마나 건강해질까 생각하게 된다. 도움도 교인끼리 불자끼리 주고받는다. 이런 옹졸한 모습은 예수님에게도 부처님에게도 창피스런 일이다. 왼손이 모르게 하는 예수님

수행은 특별한 것이 아니다

● 중국 당나라 때 명주 봉화현明州 奉化懸. 저장성에 있었던 승려로서 비만한 체구에 배가 볼록 튀어나왔다고 전해진다. 항상 포대를 지팡이로 메고 배회했다하여 포대화상布袋和尙이라는 별칭을 얻었다. 복덕이 원만한 미륵彌勒의 화신으로 회화, 조각 등의 소재가 되고 있다.

의 선행, 무주상보시의 가르침으로 행하는 나눔이야말로 동시대 사람들이 겪는 많은 아픔과 갈등을 치유하는 선한 길이 되지 않을까? 우리가 그렇게 살고자 교회에 가고 절에 가면 좋겠다.

나는 어디쯤일까 상상하며 스님의 설명에 몰입해 갔다. 탁월한 비유와 우화적 스토리는 또 얼마나 깊이 있는가. 고도의 정신세계를 아름다운 시각으로 형상화한 불교의 미학에 매료되었다. 안에서는 아그작 아그작 불교에 대한 기존의 편견에 조금씩 금이 가는 소리가 들려 왔다.

성지순례의 하이라이트는 이튿날 청암사였다. 경북 김천에 있는 청암사는 비구니 승가대학이다. 이곳은 보광전이라는 유서 깊은 작은 암자를 안고 있다. 일행은 청암사에 도착해 준비해 온 공양물을 전해 드리고 경내를 구경하고 있었다. 보광전을 앞에 두고 계단 오른편에 세워져 있는 안내문을 읽고 있었다. 그런데 갑자기 위쪽에서 고함이 들려왔다.

"성소은 씨!"

이 산속에서 나를 알고, 내 이름까지 알아서 부를 사람은 없었다. 흘려들었다. 또다시 들려왔다. '응? 뭐지?' 어리둥절해 소리 나는 쪽을 향해 올려다보니 현각 스님이 계셨다. 계단 위에서 올라오라고 손짓을 하고 계셨다. '놀라워라, 딱 한 번 말씀드렸을 뿐인데 이름을 기억하고 계시다니, 발음도 쉽지 않은 이름인데…….' 내심 감격했다.

황급히 계단을 오르니 보광전 안으로 안내를 해 주셨다. 서너 사람이 앉으면 꽉 찰 만큼 좁은 공간에 특이한 불상이 놓여 있었다. 목적은 이 불상에 대한 설명을 하시고자 함이었다. 일명 천수천안千手千眼 관세음보살 상이었다. 천 개의 손과 천 개의 눈으로 중생(인간)의 소리를 들어준다는 불교의 대자비심을 조형화한 것이라고 했다. 얼마나 구체적이고 아름다운 마음인가. 불교는 왜 이렇게 넓고 고운지, 순간 눈물이 일었다.

"스님, 너무 아름다워 감동했습니다."

스님이 두 눈을 동그랗게 뜨시고 내 눈을 응시하시면서 답을 하신다.

"난 단지 당신의 마음을 빗질하는 것뿐입니다. 이미 완벽합니다."

"……"

다시 말을 잃었다.

이번에는 마음이 열리는 소리가 들렸다.

이날의 감동과 충격을 어떻게 표현할 수 있을까? 불립문자不立文字다. 도저히 언어로는 그 크기와 깊이를 담아낼 수 없을 것 같다. 그저 행복했다. 방향을 알지 못하고 혼자서 전전긍긍하던 날들의 어둠이 환영처럼 사라지는 듯했다. 대신 충만함이 차올랐다. 새벽을 깨우고 익숙지 않은 부지런을 피웠던 열성을 보상받고도 남음이 있는 기쁨이었다.

수행은 특별한 것이 아니다

서울로 돌아오는 길 차 안에서 스님은 책 한 권을 추천해 주셨다. 『선의 나침반 The Compass of Zen』이라는 제목을 수첩에 적어 주시고 일독을 권하셨다. 그리고 궁금한 것이 있으면 언제든지 질문을 하라고 인연의 문을 열어 주셨다. 책의 제목 아래는 이메일 주소가 또박또박 적혀 있었다. 예수님 말씀이 맞다. 찾으면 찾아지고, 두드리면 열린다. 무지와 구하지 않는 게으름이 문제였다.

'하나님, 감사합니다.'

하버드에서 화계사까지 온 현각 스님

성지순례를 끝내고 돌아왔다. 몸은 서울인데 마음은 이미 다른 나라에 있었다. 나는 제정신이 아니었다. 출근을 하는 건지 선원을 나오는 건지 분간이 안 될 정도로 '새 공부'에 빠져들었다. 우선 추천해 주신 책부터 사야 했고, 집에서는 참선이란 걸 흉내 내야 했다. 벅찬 감격이 뭐라도 해야 한다는 구체적인 의지로 바뀌었다. 불교의 'ㅂ' 자도 몰랐으니 읽고 배워야 할 것들이 줄을 서서 마음을 재촉하고 있었다.

먼저 스님께 감사의 마음을 전해야 했다. 그리고 눈먼 나를 조금 더 안내해 달라고 부탁해야 했다. 아쉬운 소리는 죽어도 하기 싫어하는 고약한 성격 때문에 부모님한테도 '뭐 해 주세요' 한 번 안 하고 자랐다. '내가 남에게 부탁하는 말을 해야 하다니…….' 안 해 본 일이라 마음은 오락가락 했지만 지금은 자존심 따위로 머뭇거릴 때가 아니다. 따지고 생각할 여유가 없었다. 바로 메일을 드렸다.

친애하는 현각 스님

제게 시간을 내어 주시고 많은 것들을 나누어 주셔서 매우 기뻤습니다. 지난 며칠간의 템플스테이를 통해 깊은 감명을 받았습니다. 저에게 (마음을 가지런히 할 수 있는) '빗'을 주시고 법 안내자가 되어 주시니 감사합니다. 또한 어려운 발음에도 불구하고 선명하게 제 이름을 불러 주셨던 것을 기억합니다.

저는 스님의 이야기와 세심한 배려를 통해 진정으로 자유하는 사람의 모습을 볼 수 있었습니다. 스님, 저에게 제 삶에 있어서 '빛과 진리'로 이르는 길을 보여주십시오. 실은 지금까지 살아오면서 누군가에게 무언가를 해달라고 부탁해 본 적이 없습니다. 그러나 지금은 주저 없이 '할 수 있습니다.' 저에게 빗을 주십시오.

저를 도와주시고 더 많은 가르침을 주십시오.
이제부터 저는 무엇을 해야 합니까?
어떻게 계속 수행을 해야 합니까?
모르겠습니다. '모르는 마음'이 무엇인지.

스님은 곧 답장을 보내주셨다.

Dear Seong So-Eun

Thank you very much for your e-mail. How are you?

I am very glad to hear that you enjoyed the trip to Jikji Sah and Chong Am Sah and practicing together. The Buddha taught that merely to brush up against someone while passing in the street is the result of some 500 lifetimes of interaction together. How much deeper and more spiritual "in yon" we have that we could spend two days travelling and practicing together! How wonderful!

I am glad to hear that you are interested in correct practicing. But you must know that I cannot give you anything, and I cannot teach you anything. The reason is because, inside, you already understand, and you are lacking nothing whatsoever. But you do not have faith in this fundamentally clear and boundless nature, so you go around looking for this teaching and that understanding.

So, you must understand that this is not like school. There is not something to be learned or accumulated here. The only thing I can do is point directly at your true nature, and hopefully show you how to attain that, and live by it. That is all.

수행은 특별한 것이 아니다

So if you have any questions, you are welcome to try to get together and ask me, and I will do my best to answer.

A monk once said to my teacher, "Sir, I only want to understand your teacher.' And my teacher replied, "That's a mistake. I don't teach understanding. I only teach don't-know." That is very wonderful—that answer is greater than anything my professors at Yale and Harvard ever conceived of teaching me! Socrates taught the same thing: "I don't know myself. But I know this not-knowing."

So if you are interested in this don't-know—which is just a name, anyway, for your true nature, true self, true I, whatever you want to call it—then I will do what I can. But it is up to you to actually find it. I can tell you that there is gold hidden in a certain mountain, at a certain location, how deep, and how much. But it is up to you to dig for it; I cannot find it for you. Buddha cannot find it for you. Jesus or God or Socrates also CANNOT find it for you. This is the reality of our human condition.

You say in your e-mail, "I don't know what is don't-know mind." This kind of approach is not good, not bad. But I ask you, when you take away this "I" in your sentence, then what? Talk to you soon.....

Yours in the Dharma,
Hyon Gak habjang

친애하는 성소은 씨

메일 감사합니다. 안녕하세요?

당신이 직지사와 청암사 순례 여행, 그리고 함께한 수행을 즐겨 하셨다니 기쁩니다. 부처님은 우리가 옷깃만 스쳐도 500생에 걸친 인연이 있어야 한다고 가르치고 계십니다. 지난 이틀간의 여행과 수행을 함께했다는 것은 얼마나 더 깊고, 더 영적인 '인연'이 있는 것인지요. 얼마나 놀라운 일입니까!

당신이 올바른 수행에 대해서 관심이 있다니 매우 기쁩니다. 그러나 나는 당신에게 아무것도 줄 수 없으며, 아무것도 가르쳐 줄 것이 없음을 알아야 합니다. 이유는 당신은 이미 이해하고 있으며, 어느 면에 있어서나 부족함이 없기 때문입니다. 단지 이러한 근본적으로 명쾌하고 경계가 없는 본성에 대한 믿음이 없기에 가르침과 이해를 찾아 헤매고 있는 것입니다.

그러므로 이것은 학교 같은 것이 아님을 이해해야만 합니다. 여기는 무엇을 배우거나 지식을 축적하는 곳이 아닙니다. 내가 할 수 있는 유일한 것은 바로 직접 당신의 본성을 가리키는〔直指人心〕것이며, 당신이 그것을 어떻게 얻고 그것으로 살 수 있는지를 보여줄 수 있다면 다행입니다. 그게 답니다.

만약 당신이 어떤 질문이 있다면 언제고 함께하며 질문하는 것을

수행은 특별한 것이 아니다

환영합니다. 그러면 저는 답을 하기 위해 최선을 다하겠습니다.

한 스님이 나의 스승님께 말했습니다. "대선사님, 저는 오로지 스님의 가르침을 이해하기 원합니다." 스승이 대답했습니다. "그게 잘못이다. 나는 이해를 가르치지 않는다. 나는 오로지 모름을 가르칠 뿐이다." 이것은 매우 놀라운 일입니다. 그 대답은 내가 그동안 예일과 하버드대학의 교수들로부터 받았던 그 어떤 가르침보다 위대한 것입니다! 소크라테스도 같은 가르침을 주었습니다. "나는 나 자신을 모른다. 그러나 나는 모른다는 것을 안다."

따라서 만약 이 모르는 마음—이것은 단지 이름일 뿐 어쨌든 당신의 본성, 진아, 참나, 뭐든지 당신이 부르고 싶은 말—에 대해 관심이 있다면, 나는 내가 할 수 있는 것을 다 하겠습니다. 그러나 실제로 그것을 찾는 것은 당신에게 달려 있습니다. 나는 어느 산, 어느 곳에 아주 깊고, 아주 많은 양의 금이 숨겨져 있다고 말할 수 있습니다. 그러나 그것을 파내는 것은 당신의 몫입니다. 내가 당신을 위해 발견할 수 있는 것이 아닙니다. 부처님도 당신을 위해 발견할 수 없습니다. 예수님도, 신도, 소크라테스도 물론 당신을 위해 대신 발견할 수 없습니다. 이것이 우리 사람에게 주어진 현실입니다.

이메일에서 말했지요. "나는 무엇이 모르는 마음인지 모른다"고요. 이러한 접근은 좋은 것도 나쁜 것도 아닙니다. 대신 내가 질문하겠습니다. 그 문장에서 '나'를 빼내면, 그러면 무엇입니까?

또 만나요.
현각 합장

불가佛家에는 스승은 제자를 알아본다는 말이 있다. 나는 감히 말한다. 현각 스님은 간절한 물음을 갖고 있는 제자를 알아보셨고, 제자 또한 단칼에 망상을 떨쳐 내는 가르침을 줄 수 있는 스승을 알아보았다고. 그러나 스님이 말씀하셨듯이, '답'을 찾고 안 찾고는 내게 달린 문제였다.

그 주부터 일요일이면 성공회교회와 화계사를 함께 나가는 '양다리' 신자가 되었다. 매주 주일에 있는 스님의 법문을 놓칠 수는 없는 일이었다. 예배를 마치면 오후 성가대 연습을 빠지고 곧장 북악스카이 뒷길로 내달린다. 이때는 신호등도 자유롭게 해석된다. 파란색은 앞만 보고 직진하는 색, 빨간색은 한 번 두리번거리고 더 빨리 직진하는 색이다. 이렇게 하면 법문이 시작되는 오후 3시 정각에 화계사 국제선원 4층 미닫이문을 열 수가 있다. 휴―! 도사 되기 쉬운 일이 아니다.

참선, 나와 하나님을 보여주는 거울

참선이라는 것을 처음 본 것은 1박 2일 성지순례에서였다. 첫째 날 저녁 프로그램 어디쯤에선가 나는 오래 앉아 있었다. 대나무 부딪히는 소리가 몇 차례 나더니 갑자기 모든 사람이 꼼짝을 않고 앉아 있기만 했다. 얼음 땡 놀이 중에 '얼음'이 된 것 같았다. 10여 분 정도 있으면 되겠거니 생각하며 옆 사람이 앉아 있는 모습을 힐긋거리며 흉내 내 보았다.

그런데 아무리 시간이 흘러도 '땡' 사인이 없다. 기다리다 지친 나는 옆 사람 따라하기를 포기하고 내 마음대로 앉기로 했다. 새벽부터 부지런을 떨었던 탓인지 전방위로 몰려드는 피로와 쏟아지는 잠에 거의 이성을 잃을 판이었다.

고개도 가누지 못할 정도로 졸며 헤매는 시간이 얼마나 지났을까. 아직도 얼음이다. 비몽사몽간에 주위를 둘러보니 대각선 왼쪽으로 스님이 보였다. 나와는 너무나도 다른 상태를 유지하는 것이 놀라워 한참을 지켜보았다. 미동도 없다. 사람이야 바위야, 어떻게 저럴 수가 있나 싶었다. 나만 빼고 다들 묘기 대행진을 하는 듯 보였다. 시간이 멈추고 세상도 마비된 것 같았다. 해체 일보 직전에 있는 온몸을 부여잡고 어서 이 세상에 종말이 오기만을 기다렸다.

드디어 오랜 정적을 깨고 '소리'가 들려왔다. '땡이다!' 처음에 들었던 나무 막대기 소리였다. 뭐라도 상관없다. 편히 쉬라는 해방이자, 곧 잠을 잘 수 있다는 희망의 신호였다. 시계를 보니 꼬박 1시간이 지났다.

참선參禪!

부지불식간에 사전 지식도 없이 하게 된 좌충우돌 첫 경험이었지만, 고요하게 앉아 계시던 스님의 모습은 내내 인상적이었다. 나도 그렇게 되고 싶었다. 매일 10분이라도 따라해 보자고 마음먹었다. 다행히 얼마 후 국제선원에서 주말을 이용한 참선 정진이 있었다. 클라라는 또 한 번 예배 대신 참선을 골랐다. 정식으로 참선을 배우고 수련할 수 있는 절호의 기회였다. 놀고자 하는 게 아니니 하나님도 이해하실 거라 믿었다. 금요일 저녁부터 일요일 오후까지 이어지는 2박 3일 '용맹 정진'이었다.

이번에는 말도 하지 않고, 돌아다니지도 않고 오로지 앉아만 있어야 하는 거다. 움직이는 동선도 짧은데 일정은 빡빡했다. 새벽 3시가 기상이다. 누울 수 있는 저녁 9시 반까지 밥 먹는 시간을 제외하

수행은 특별한 것이 아니다

고 대부분 그냥 '벽 보고 앉아 있기'였다. 아무것도 안 해도 되었다. 시간되면 차려져 있는 밥을 먹으면 되고 설거지도 할 필요 없다. 그냥 앉아만 있으면 되는 것이다. 이런 세상이 있었다.

그런데 그 쉬운 게 쉽지가 않았다. 몸도 마음도 쉴 줄을 몰랐다. 아니 어떻게 쉬어야 하는지 몰라 더욱 분주해졌다. 우선 몸이 비명을 지른다. 장시간 가부좌 혹은 반가부좌를 틀고 앉아 있어야 하는 좌선坐禪은 다리 근육과 고관절에 극심한 통증을 일으킨다. 이건 시작이다. 아래에서 시작된 고통은 팔, 어깨, 목 등 신체 구석구석을 점령하면서 올라온다. 한마디로 온몸이 쑤신다. 익숙하지 않은 자세다 보니 몸이 발악을 하는가 보다.

마음도 만만치 않다. 참선은 다른 명상과 달리 눈을 감지 않는다. 정신이 혼곤해지는 것을 막기 위해서다. 삶을 외면하지 않는다. 살포시 눈을 뜬 채 보이는 현상을 온전히 인식하면서 마음의 파도가 잔잔해지기를 기다린다. 문제는 쉽사리 잔잔해지지 않는다는 것이다. 고요함〔禪〕에 익숙하지 않은 마음의 습習이 문제였다는 것을 나중에 알았다.

몸도 비명을 지르고, 마음도 뜻대로 되지 않았지만 2박 3일 용맹정진의 경험은 참선의 가능성을 눈치채게 해 주었다. 참선에서 희망을 보았다. 내가 안고 있는 숱한 과제들, 존재 이유, 무엇을 해도 2퍼센트 부족한 공허감, 진리와 자유에 대한 욕망, 이 모든 것들이 참선을 통해 답을 얻을 수 있을 것 같았다.

주말 집중 수행 중에는 스님과 인터뷰하는 시간이 있었다. 유일하게 묵언을 거두고 말을 할 수 있는 기회다. 참가자가 저마다 갖고 있을 의문이나 궁금증을 질문할 수도 있고, 반대로 스님으로부터 질문을 받기도 한다. 수행의 정도를 시험받는 일종의 테스트 시간이다.

본격적인 맞춤 수행 가이드의 시작이다. 질문과 대답이 오가면서 나는 막연하기만 했던 수행이 만져지는 물건처럼 실체하는 것으로 느낄 수 있었다. 스님은 절 수행을 함께 권하셨다. 절은 불상이나 스님에게 하는 것이 아니라, '나 자신에게 하는 것'이라고 덧붙이셨다. 마치 속마음을 알고 있다는 듯이…….

절 수행은 신선했다. '작은 나'가 '큰 나'에게 하는 지극한 하심下心의 모습이 절이란다. 오체투지五體投地인 절[拜, deep bow]은 두 무릎과 두 팔, 머리가 땅에 닿도록 몸을 낮추는 지극한 겸손의 자세이다. 절은 우상 숭배가 아닌 인간이 할 수 있는 무한한 하심의 표현이었다. 아름다운 몸 수행이다.

스님은 하루 중 편안한 시간에 먼저 백팔 배로 잡념을 떨쳐 내고 이어서 참선을 하면 훨씬 도움이 될 거라고 일러 주셨다. 이론만이 아니다. 시범이 이어졌다. 몸을 일으켜 절하는 순서와 바른 자세를 보여주시고, 절 수행을 할 때 쓰는 도구라고 작은 단주도 하나 선물로 주셨다.

기분이 묘했다. '불교' 하면 우상을 숭배하는 마귀 사탄이고, 이의 대표적 아이템이 '절'이고 '염주'였다. 그런데 나는 그 둘을 세트로

수행은 특별한 것이 아니다

받아 쥐고 있었다. 자명한 건 나는 마귀 사탄이 아니라는 것이다. 따라서 불교는 우상을 숭배하는 나쁜 종교가 아니라는 것이 성립된다.

불교는 마귀가 아니었다.

이런 나도 한국인이 맞나 의심이 들었다. 불교를 찾아 기원전 6세기 인도 동북부의 갠지스 강까지 거슬러 올라갈 필요도 없다. 불교는 한반도에서만 1700년이라는 짧지 않은 역사를 우리 민족과 함께한 사상이다. 한국의 국보와 보물 급 문화유산 중 60퍼센트 이상이 불교와 관련이 있고, 삼국시대와 고려시대는 불교가 국교였다.

유구한 역사와 함께 한국인의 정서를 지배하고 민족정신의 토양이 되어 온 불교를 모르고도 진정한 한국인이라고 말할 수 있을까? 이에 대한 답이 있다. 비교종교학자 오강남 교수님은 저서『불교, 이웃종교로 읽다』에서 다음과 같은 꾸지람을 주신다. "2000년 가까이 중요한 정신적 뿌리로 한국인의 심성을 꼴 지어 온 불교를 모르고는 진정으로 훌륭한 한국인이라고 할 수 없다." 그리고 "적어도 우리 조상이 어떤 눈으로 우주와 삶을 보았고, 지금 우리가 세계와 인생을 보는 눈이 이 영향을 얼마나 받았는지를 아는 것은 한국 지성인으로서 갖추어야 할 최소한의 교양이요 지적 의무"라고. 기억하자. 참고로 오강남 교수님은 불자가 아니다.

이런 기준으로 보면 나는 진정한 한국인이 아니었음을 부정할 도리가 없다. 심지어 나는 지금 '미국인'으로부터 '한국 불교'에 대한 이야기를 듣고, 보고, 익히고 있다. 누가 한국 사람인지 모르겠다.

정작 한국인인 나는 우리 전통을 '사탄'으로 치부하며 철저히 외면해 왔는데 부족할 것 없는 이 서양인 남자는 한국 불교에 인생을 걸고 '스님'의 모습으로 내 앞에 앉아 있는 것이 아닌가. 그리고 나는 그를 통해 우리 것을 배우고 있다.

실지로 현재 불교는 서구에서 호응도가 높다. 불교가 서양의 지식인들 사이에서 폭발적인 인기를 끄는 이유는 나의 삶과 직결되는 실존적인 문제를 다루고 있기 때문이라고 한다. 맞는 이야기다. 불교는 논리적이다. 원인과 결과가 선명하고, 교리 체계가 기승전결로 일목요연하다. 정교하고 날카롭다. 그들은 의식이 아닌 이런 가르침에 주목하고 열광한다. 불교는 조상을 위해 제사를 지내는 미신이 아니라 지금 여기를 살아가는 나를 위하는 실존 철학이다. 나를 깨우는〔佛〕 법〔다르마, 法〕이다.

불법은 무조건적인 믿음을 강요하는 대신 바른 이해〔正見〕를 권한다. 이분법적 논리로 정죄하지 않고 '그럴 수도 있다'고 끄덕이게 한다. 천국을 무기로 윤리·도덕을 강제하지 않는다. 죄인이라고 손가락질하지도 않는다. 내가 받은 불교의 첫인상은 인간의 나약함과 한계를 보듬어 주고, '넌 이것도 할 수 있어'라고 가능성을 열어 주는 인간적인, 너무나도 인간적인 종교였다.

현각 스님이 자주 인용하는 구절이 있다.

"미래의 종교는 우주적 종교가 되어야 한다. 그동안 종교는 자연세계를 부정해 왔다. 모두 절대자가 만든 것이라고 해 왔다. 그러나

수행은
특별한 것이
아니다

앞으로의 종교는 자연 세계와 영적인 세계를 똑같이 존중한다는 생각에 기반을 두어야 한다. 자연 세계와 영적인 부분의 통합이야말로 이러한 내 생각과 부합한다고 본다. 만약 누군가 나에게 현대의 과학적 요구에 상응하는 종교를 꼽으라고 하냐면 그것은 '불교'라고 말하고 싶다." 이는 1939년 알베르트 아인슈타인의 말이다. 오강남 교수님도 이와 비슷한 논조로 불교의 가능성을 설명하셨다.

    20세기 최고의 사상가 토머스 머튼Thomas Merton은 그리스도가 시작할 때 동방에서 선물이 왔듯이 20세기가 지난 지금 그리스도교가 새로운 활력을 되찾으려면 동방에서 다시 선물이 와야 한다고 하고, 그 선물이 동양의 정신적 유산, 특히 선불교 정신이라고 했다.
    서양인들이 불교에 관심을 갖는 이유는 불교가 초자연적이고 절대적인 인격신을 상정하고 그에 복종할 것을 강요하는 율법주의적 종교관으로부터 상대적으로 자유롭다는 점, 대체적으로 무조건적인 '믿음'이 아니라 '깨달음'을 더욱 강조하는 입장, 자기들의 진정한 내면적 정체성을 찾는 데 도움을 줄 것 같은 가능성, 그리고 불교에서 발견되는 평화주의적, 자연친화주의적 태도 등에 호감 내지 호기심을 가지기 때문이라고 볼 수 있다.
    -오강남, 『불교, 이웃종교로 읽다』, 현암사, 2006.

골수 기독교인이었던 내가 직접 만나본 불교 또한 그러했다. 한국의 크리스천 중에는 불교의 '불' 자만 들어도 빨갱이의 '빨' 자를 들은 듯 경기 반응을 보이는 사람들이 많다. 단지 '깨달음'을 뜻하는 산스크리트어인 붓다^{Buddha}를 음역해 '부처', '불타^{佛陀}', '불^{佛}'로 부르는 것뿐인데 무고한 '불' 자를 왜 그렇게 구박하는지 안타까운 일이다.

 무지로 얻는 것은 없다. 모르면 모를수록 편협한 시야에 옹고집만 키우게 되기 십상이다. 자신의 성장을 제한하고, 남을 피곤하게 할 뿐이다. 내 신앙을 건강하게 하기 위해서, 성경을 바로 읽기 위해서라도 우리는 이웃 종교인 불교에 마음을 열어야 한다. 불자도 마찬가지다. 바른 수행자가 되려면 이웃인 기독교인을 알아야 한다. 참선을 하면 할수록 성경이 새롭게 읽힌다. 머나먼 이국 중동에서 나시고 한국에는 한 번도 오신 적이 없는 예수님이 바로 눈앞에 와 계신 듯 선명하다. 더 밝아지고, 더 은혜롭다. 참선은 몸을 앉히고, 마음을 앉혀 나와 남을 제대로 보게 하는 거울이다. 거울을 닦는 것이 수행이다.

12월 24일, 화계사 철야 삼천 배

교회에 출석하며 선원을 오간 지 두 달째다. 좀 바빠졌다는 것 외에 별다른 심적 불편함은 없었다. 더 괜찮은 사람이 되는 것은 하나님도 기뻐하시는 일이라고 '믿는' 마음이 있었다. 언제까지 이렇게 할 수 있을까 쉽게 결정이 나지 않을 것도 같았지만 놔두기로 했다. 마음 가는 대로 하는 거다. 이대로가 좋으면 이대로 가는 것이고, '통일'이 되면 그것도 좋은 일이다. 하나님께 맡기기로 했다.

처음 집에서 백팔 배를 흉내 낼 때는 돌아가시는 줄 알았다. 요가 매트를 깔아 놓고 스님이 주신 단주를 카운트용으로 오른손에 들었다. 가르쳐 주신 순서를 생각하며 몸을 접어 내렸다 올렸다. 백팔 배는 고사하고 열댓 번 하고 나니 땀이 비 오듯 하고 숨도 잘 안 쉬어졌다. 죽을 것 같았다. 백팔 번째 절은 영영 오지 않을 것처럼 아득하기만 했다.

며칠이 지나자 잘 하고 있는지 스님이 점검을 하셨다. 현황을 사실대로 보고해 드렸다. 절이 이렇게 어려운 것인지 몰랐다고 실토를 하니 껄껄껄 웃으신다. 열 번 하고 쩔쩔매는 사람이 이 세상에 어디 있냐고 놀리기까지 하신다. 내려갈 때 들이쉬고, 올라올 때 내쉬며 호흡을 맞추면 수월할 거라고 팁을 주셨다. 꾸준히 하는 것이 중요하다는 무거운 부담을 가볍게 해 주신다. 절도 잘 하고, 참선은 더 잘 하는 스님이 부러웠다. 예수님처럼 잘 생기고 부처님처럼 자유로워 보이는 스님을 샘내면서 그렇게 아장아장 발걸음을 떼었다.

비지땀을 흘려가며 겨우 백팔 배의 고지를 맛보았다. 매일 반복하다 보니 조금씩 쉬워지는 듯도 했다. 그래도 빨리 하지는 못하고 일 배 일 배 느리지만 바르게 하는 것에 주안점을 두었다. 생각이 많을 때는 확실히 그냥 앉는 것보다 몸을 움직여 생각을 털어 내고 마음을 앉히는 것이 집중에 도움이 되었다.

일기를 쓰듯 백팔 배를 시작한 지 얼마나 되었을까, 어느 누구는 삼천 배를 한다는 소리가 귓속을 파고들었다. 삼천 배라니……. 비현실적인 숫자로 느껴지면서도 한편으로는 오기가 발동했다.

'삼천 배? 다른 사람은 하는데 나는 왜 못해?'

도전하고 싶은 마음이 꿈틀거렸다. 11월 말이었다. 화계사는 매달 마지막 주 토요일마다 삼천 배 철야 수행이 있었다.

'나도 해 봐?'

이번 달은 곤란하고 다음 달에는 도전해 보고 싶어졌다. 한 해의

수행은 특별한 것이 아니다

마지막인 12월을 하루쯤 철야 수행으로 심신을 단련하는 것도 나쁘지 않을 것 같았다.

'그래, 올해의 망년회는 삼천 배다!'

4주 뒤에 있을 '에베레스트 정복'을 위해 몸만들기 작전에 돌입했다. 단번에 삼천 배를 해내려면 지금의 백팔 배 갖고는 어림도 없었다. 더 많이, 더 꾸준히, 더 집중적인 연습이 필요하다. 우선 해 보자. 할아버지 스승님이신 숭산 대선사의 가르침대로 '오직 할 뿐'이다.

12월 24일이 디데이다. 네온사인과 화려한 조명이 반짝이는 크리스마스 이브. 누구나 괜히 설레게 되는 날이다. 왠지 혼자면 안 될 것 같고, 어디라도 가야 할 것 같은 날. 전 세계 많은 연인들이 와인 잔을 기울이며 사랑에 취하는 날. 예수님이 나신 날인데 왜 자기네끼리 좋아라하는지 모르겠다. 여하튼 '사랑'의 날인 것만은 확실하다.

딱히 애인이 없어도 크리스천들에게는 나름 일정이 있는 날이기도 하다. 나는 다행히 크리스천이면서 함께할 수 있는 친구도 있으니 제법 분주한 사람 축에 속한다. 그런데 올해는 한술 더 떠야 한다. 밤샘 일정이 기다리고 있다.

연구 모임에서 만나 전공이 비슷해 친해졌던 남자 친구와 이태원에서 저녁을 먹었다. 이후 다른 일정이 있다는 것은 미리 양해를 얻어 두었다. 이태원에 있는 작은 프랑스 식당에서 이른 저녁 테이블을 마주했다. 약속에 나가긴 했지만 마음은 이미 콩밭이다. 학수고대하던 대망의 삼천 배는 저녁 8시 정각에 시작이다. 수유리까지 가려면 7시에는 자리에서 일어나야 했다. 친구는 내게 감기몸살 기운이 있는 것을 이유로 다음 기회를 권유했다. 오늘은 몸도 좋지 않으니 그냥 쉬고 다음 달에 하는 게 어떠냐고. 고마운 마음이나 이제 와서 포기할 수는 없는 일이었다.

한창 대화가 무르익을 시간에 등을 돌려야 하는 것이 미안했지만 어쩔 수 없었다. 나에게 한 약속을 포기하는 일은 더욱 어려운 일이었다. 그뿐인가 꼬박 한 달을 오늘을 위해 몸을 만들고 마음을 다졌는데……. 그의 마음을 모르는 것은 아니지만 우선은 내 문제를 해결하는 것이 순서였다. '오늘' 내가 왜 화계사에 가야 하는지, 다시금 양해를 구했다. 하나님보다 사람을 이해시키는 것이 훨씬 어려운 일이다.

2004년 12월 24일 크리스마스 이브, 나는 절에서 절하며 예수님의 탄생을 밤새워 축하했다. 화계사 2층 대적광전에 들어서니 그 넓은 홀이 벌써 사람들로 꽉 차 있었다. 삼천 배는 제법 준비해야 할 것이 많다. 편한 복장에 물은 필수고, 땀을 닦아 낼 수건이며, 중간중간 열량을 보충할 간식거리도 없어서는 안 될 품목이다. 여기저기 귤 봉지며 초콜릿, 떡, 과자 등 먹을 것들이 눈에 띄었다. 확실히 축제 분위기였다.

삼천 배는 저녁 8시 정각에 시작해 50분 절 하고 10분 쉬는 일정으로 새벽 4시까지 계속된다. 그 뒤 새벽 예불로 이어지면서 온전히 마무리가 된다. 일각 일각 시작하는 시간이 가까워 오자 사람들

수행은
특별한 것이
아니다

의 움직임도 사뭇 달라진다. 내 마음가짐이 그래서인가 어디 한번 해보자는 임전 군사들같이 좌중은 일촉즉발의 긴장감을 내뿜고 있었다.

비장한 마음으로 나도 자리를 잡았다. 심호흡을 하면서 밤새 치러 내야 할 목표에 대한 다짐을 새롭게 다지며 시작을 기다리고 있었다. 때가 되니 국제선원에 계신 외국인 스님이 등장하셨다. 지도 스님은 죽비소리에 맞춰 모두가 같은 속도로, 같은 목소리를 내며 일심으로 하는 것이 중요하다고 짧게 설명해 주셨다.

집중 절 수행에 들어가기 전에 잠시 용어 정리를 해 본다. 대개 사찰에서 절을 할 때는 묵묵히 소리 없이 하는 경우도 있지만 염불을 동반하는 게 일반적이다. 개인의 깨달음을 중시하는 남방불교에 비해 북방의 대승불교는 나의 깨달음을 시작으로 다른 이들의 깨달음을 돕고자 하는 대중의 가치를 중시한다. '보살菩薩'은 이런 대승불교의 행동 요원으로 등장한다. 보살이란 보디사트바Bodhisattva, 깨침의 존재라는 산스크리트어의 음역으로 '남의 깨달음을 돕는 사람'을 의미한다. 보살은 미아리고개에 모여 사는 점쟁이가 아니다. 다른 이의 구원을 돕겠다고 자기의 열반 계획을 연기하기로 서원하는 자이다.

담당한 영역에 따라 다양한 보살이 있다. 세상의 아픔을 들어 보살피는 관세음보살觀世音菩薩이 있고, 지혜를 담당하는 문수보살文殊菩薩, 문수보살과 커플을 이루는 실천 요원으로 보현보살普賢菩薩이 있다. 그리고 지옥에서 고통당하는 중생을 마지막 한 명까지 열반에 들게 하겠다는 큰 뜻을 품은 지장보살地藏菩薩이 최고라고 할 수 있다. 다양한 형태의 메신저들이 우리를 돕고자 대기하고 있다. 이들의 공통점은 모두 '나' 없음이다. 남을 위해 일하는 거룩한 존재들이다. 오늘은 관세음보살이 등장하는 날이다.

드디어 시작을 알리는 세 번의 죽비소리가 시공을 가른다. 수백 명이 한 목소리로 관세음보살을 염하며 일제히 절을 한다. 모두가 일념一念이다. 대중의 열기가 밀어주고 응축된 뜨거운 신심信心이 당겨 주는 듯 몸은 가볍기만 하다. 덩달아 내 안에도 활기찬 기력이 넘치는 듯하다.

"관-세음-보살! 관-세음-보살!"

구령이 리듬을 탄다. 관세음으로 엎드리고 보살로 기립한다. 이렇게 일 배, 일 배가 모두 삼천 배에 이르면 하얗게 날이 새어 있을 것이다. 목청껏 외치는 관세음보살은 우상을 찾는 것이 아니라, 머릿속에 마음속에 일어나는 끝없는 생각들을 떨쳐 내기 위한 방편이다. 굳이 관세음보살이 아니라 코카콜라라도 좋다고 하신 현각 스님의 말씀이 생각난다. 들었을 때는 웃었지만 맞는 말이라고 깊이 공감했다.

밤을 지새워 삼천 배가 끝나는 시간, 과연 나도 그 자리를 지키고 있을 것인지는 알 수 없었다. 예측불허다. 한 치 앞의 미래이지만 자신할 수도, 보장할 수도 없는 앞날인 것이다. 마음을 다지고 시작한 일이니 되든 안 되든 해 보는 수밖에 다른 방법이 없다. 그냥 하는 수밖에 없다.

어느새 자정이 되었고 야참으로 검은깨 죽이 제공되었다. 까만 밤하늘에는 별들이 총총하고, 한겨울 도심 속 산사에 이는 고요한 바람은 몸도 마음도 정화해 준다. 고요한 밤, 거룩한 밤이다. 그리고 오늘은 성자가 나신 밤이다. 잡념이라곤 들 곳 없는 이런 깨끗한 마음으로 성탄을 맞은 게 처음이 아닌가 싶었다. 누가 알아주지 않아도 스스로 충만했다. 앞으로 3시간만 더 하면 삼천 배를 해내게 된다. 새로운 기운이 솟았다. 처음 시작하던 그 마음으로 다시 일 배를 하는 거다.

자정을 넘기고 밤이 깊어지면서 힘이 들기 시작했다. 가볍던 몸은 어디 가고 이제는 천근만근 무겁게 느껴졌다. 일 배가 천리를 달리는 것처럼 아득해지기도 했다. 그렇다고 여기서 멈출 수는 없었다. 마음을 모았다. 그리고 이래야 해 저래야 해 하는 마음의 소음을 껐다. 끄고 나니 움직이는 '물체'가 있을 뿐이다.

고비를 넘기니 이내 새 지평이 열렸다. 다시 다리에 힘이 붙고 목청이 새로 열린다. 절을 하는 내가 다른 사람 같다. 이제는 해낼 수 있겠다는 자신감도 고개를 든다. 마지막 한 시간을 남겨 놓고 있다. 거의 다 왔다.

오직 하고, 하고, 또 할 뿐이다.

무아지경으로 앉다 서다를 반복했다.

"착, 착, 착!"

드디어 끝을 알리는 죽비소리가 법당을 채운다. 스스로 도전하면서도 장담하지 못했던 일을 해내고 말았다. 다른 사람에게는 대수롭지 않은 일일 수 있지만, 내게는 많은 의미를 갖게 하는 도전이었다. 누구보다 나 자신을 시험하는 시도였다. 어디까지 얼마나 몰입하고 해낼 수 있는지, 그다음에는 어떤 느낌인지를 맛보고 싶었다. 어둠을 밝힌 8시간의 절 수행은 자신을 믿고 용기를 내어 부딪쳤을 때 얻을 수 있는 '자신감'을 선물했다. 하지만 분명히 혼자서는 할 수 없는 일이었다. 지치고 힘들 때 곁을 지키고 있었던 수많은 대중이 있었기에 가능한 일이었음을 기억한다.

아기 예수가 태어나셨고, 나는 새로운 나를 체험했다.

메리 크리스마스!

수행은 특별한 것이 아니다

#5

인생
방학

몰래 수행 프로젝트

 수행에 맛이 들었다. 마음과 수행이 첫눈에 반한 날, 이 둘의 운명은 이미 결정되어 있었는지도 모르겠다. 수행은 마음을 점령해 가고 마음도 덩달아 수행으로 기울어지면서 걷잡을 수 없는 지경을 향하고 있었다. 더 자주 보고, 더 오래 같이 있고 싶다는 바람뿐이다.

 현각 스님께 조언을 구했다.
 "스님, 제대로 수행을 해 보고 싶습니다."
 "왜 그런 생각을 하게 되었지요?"
 "수행을 해야 일도 제대로 하고, 결혼을 하더라도 좋은 가정을 이룰 수 있을 것 같다는 생각이 듭니다. 이런 마음이 떨쳐지지 않습니다. 어떻게 해야 하나요?"
 스님은 잠시 말없이 내 눈을 응시하더니 이내 입이 아닌 온몸으로 대답해 주었다. 손짓, 발짓, 눈짓 모든 것을 동원해서 확신을 주고자 한껏 볼륨을 높였다. 수유 사거리에 있는 스타벅스가 들썩했다.

"구웃! 지금이 동안거 결제 중이니 무상사에 내려가서 우선 일주일간 집중 수행을 하고 돌아와요. 그 무엇보다 수행이 삶에 도움이 된다는 것은 내가 100퍼센트 보장할 수 있어요. 그 후에 다시 얘기합시다."

나는 당분간 휴직을 하고 수행에 전념하고 싶었다. 일상에서 수행이 최우선 순위가 되었다. 밥보다, 친구보다, 일보다 '수행'이 고팠다. 맞지 않는 옷이 되어 버린 지금의 직장은 이미 입었을 때부터 벗고 싶은 허울이었다. 많지는 않지만 그나마 달마다 지정된 날에 현금이 인출되는 ATM 박스 그 이상도 그 이하도 아니었다. 다만 이런 '돈 상자'를 포기하는 일이 용기를 필요로 했다. 미세한 두려움이 일었다.

30대에 사표를 내는 일은 20대 초반에 대학을 포기하는 일과는 다른 차원의 도전이기 때문이다. 엄마의 얼굴과 얼마 전 대출로 사 놓은 아파트가 아른거렸다. 집이 짐이 되었다. 무소유였다면 좋았을 것을…….

무엇보다 부모님을 안심시키는 일이 관건이었다. 한국에 들어와 직장생활 잘하고 있는 줄로만 알고 계신데 뭐라고 말씀을 드려야 하나, 막막하고 막연했다. 게다가 부모님은 물론 형제들까지 모두가 집사님, 권사님 들이다. 그런 분들에게 절에 들어가 수행을 하고 싶다고 솔직하게 말씀을 드리고 이해를 구하는 것은 말도 안 되는 이야기다. 평양 주민이 주체사상이 마음에 안 드니 남조선에 가서 살겠다고 김정일에게 이해를 구하는 것과 다르지 않은 일이었다. 그렇다고 '남한'을 포기할 수도 없는 일이다. 어떻게 국경을 넘어가야 하는가……. 고민과 궁리를 반복했다.

'국경? 국경!'

'그래, 일본으로 가는 거야!'

몰래 수행 프로젝트는 이렇게 탄생하게 되었다. 부모님을 안심시키고, 내가 원하는 수행을 하기 위해서는 이 방법밖에 없었다. '몰래' 하는 거다. 이것이 부모님을 위하는 일이다. 사직을 결심하고 부모님께는 새로운 프로젝트가 있어 6개월 동안 도쿄에 가 있게 되었다고 말씀드리는 거다. 이것이야말로 어른들이 나의 부재를 자연스럽게 받아들일 수 있는 가장 무난한 작전이었다.

남은 것은 사직을 하는 나 나름의 논리를 세우는 일이었다. 나는 왜 사직을 하지 않으면 안 되는가? 첫째, 현재 직장에서 기쁨과 보람을 얻지 못하고 있으며 결정적으로 비전이 없다. 둘째, 무엇보다 당분간 수행에 전념하고 싶다. 셋째, 나는 열심히 살아왔다. 이제는 잠시 쉬어도 되지 않는가. 충전할 시간이 필요하다.

'그래 좀 쉬자. 너무 앞만 보고 왔어. 쉬었다 가도 되잖아.'

'팔십 평생을 산다는데 달랑 6개월, 1년쯤 쉬는 게 뭐 그리 대수야. 이건 내가 나에게 주는 포상 휴가야. 더 나은 삶을 위해 나에게

방학을 주자!'

나 자신을 위로하기로 했다. 부모님께 사실을 알리지 못하는 것이 마음에 걸렸지만 언젠가는 이해해 주실 것이라 믿고 싶었다. 무엇보다 부모님은 자식의 행복을 원하니, 내가 나의 행복을 찾아 떠나는 여행을 나무라지는 않으실 거라 믿고 공식적인 허락을 유보하기로 했다.

본격적으로 '몰래 수행 프로젝트'에 돌입하는 일정을 세워 놓고 우선 부동산에 방을 내놓았다. 어차피 도쿄에 가야 하니 집도 필요 없다. 부동산에는 일주일간은 연락이 안 되니 찾는 사람 있으면 방만 보여주고 계약은 일주일 후에 돌아오면 하자고 했다. 결심을 하고 나니 오히려 마음은 홀가분했다. 맞이할 긴 방학을 상상하면서 7일간의 동안거 답사여행을 떠났다.

일주일이 어떻게 지났는지 모르겠다. 잠자고, 일어나고, 먹고, 행하는 모든 일들이 전혀 다른 질서였지만 큰 어려움 없이 일정을 소화해 낼 수 있었다. 하루의 대부분은 참선으로 채워져 있었다. 말도 할 수 없으며, 책도 권장하지 않는다. 오로지 '자신을 돌아보는 것'만이 유일한 일이다. 그런데도 시간은 더없이 빨리 흘러 어느새 한 주가 훌쩍 지났다.

'이렇게 시간을 보낼 수도 있구나.'

물리적으로 나를 둘러싼 세상은 아무것도 변한 것이 없는데, 무언가 말로 표현할 수 없는 충만함이 가슴 밑바닥부터 차올랐다. 도

전에 대한 두려움도 사라졌다. 짐을 꾸려 퇴방 신고를 하고 입방 때 압수당했던 핸드폰을 돌려받았다. 다만 며칠간이었지만 핸드폰 없이 지내는 일상이 나쁘지 않았다. 약간의 허전함도 있었지만 그보다는 뭔지 모를 해방감이 훨씬 컸다. 한주먹거리도 안 되는 작은 물건이 하나 없을 뿐인데 일상에 큰 차이가 있었다.

우선 손이 할 일이 없다. 늘 신주 모시듯 손안에 쥐고 있어야 할 번거로움이 없으니 좋다. 게다가 띠링띠링 시도 때도 없이 울어댈 때마다 열거나 만져서 내용을 확인해야 하는 번다함이 없다. 잡된 문자들에 시선을 빼앗길 일이 없으니 눈도 편하다. 볼 것이 없으니 정신도 산만해지지 않는다. 요것만 없어도 꽤나 큰 '자유'를 향유할 수 있다. 생각해 볼 일이다.

반나절도 아니고 장장 7일간 이 '물건'을 방치해 두었다. 그간 얼마나 많은 소음을 내며 울고 보챘을는지 안 봐도 짐작이 되었다. 누가 나를 찾았을까, 그간 세상에는 무슨 일들이 벌어졌을까 아리송한 기분으로 핸드폰에 전원을 넣었다. 전기가 흐르는 순간 부재중 전화와 문자들이 속속 뜨기 시작했다. 순간 마른하늘에 날벼락 같은 문자메시지가 뒤통수를 쳤다.

"지금至急 연락 요망"

"어디 있는 거니? 내놓은 오피스텔 계약됐다. 연락 주렴."

"언니 방 나갔어. 엄마랑 내가 이사해 놓을게."

"네 짐은 다 옮겨 놨으니 '집'으로 오렴."

눈앞이 깜깜했다. 내가 살던 집이 없어진 것이다.

집이 팔린 게 문제가 아니라 엄마가 내 방에 들어오셨다는 게 문제였다. 당시 내 방은 이미 선방이었다. 책상이고, 벽이고, 침대 머리맡이고 할 것 없이 온통 불교로 도배가 된 상태였다. 벽에는 반야심경과 보왕삼매론이 붙어 있고 도처에 선불교 서적이 가득 쌓여 있었다. 나 없는 사이에 이사를 했다는 것은 이 모든 상황을 엄마가 두 눈으로 보고, 두 손으로 만지고 들추어 보았다는 뜻이다.

'오 주여!'

빈 방에 들어와 현장 파악을 하고 난 뒤의 엄마 표정을 상상해 보았다. 지금 내가 놀란 것보다 훨씬 더 큰 충격이었을 것이다. 이사를 하고 문자를 하실 정도면 다행히 심장마비는 아니셨나 보다. 부동산 중개인이 괘씸했다. 그렇게 신신당부를 했는데 그새를 못 참고 일을 이 지경으로 만들어 놓다니……. 하지만 원망한다고 해결될 일이 아니다. 이미 엎질러진 물이다. 엄마 얼굴을 어떻게 마주해야 하는가가 지상 과제가 되었다.

수행을 너무 열심히 한 탓인가? 진도가 나가도 너무 나갔다. 없어진 집과 엄마 손으로 옮겨져 있을 내 짐들을 생각하며 '엄마네'로 향했다. 가는 내내 심호흡을 했다. 그래도 이 긴급사태를 어떻게 수습해야 할지 아무 생각도 나지 않았다. 머릿속은 이미 하얗게 초기화되었다.

"엘리엘리 라마 사박다니!"

예수님의 절박한 고백이 내 입에서도 저절로 흘러나왔다. 주여, 어찌하여 나를 버리시나이까.

너의 경전을 써라

이런 날은 길도 안 막힌다. 한달음에 아파트 지하 주차장에 도착하고 말았다. 엘리베이터만 타면 곧 '어마마마'를 봐야 한다. 이번에는 단전호흡을 했다.

"다녀왔습니다."

"어서 와라. 짐은 네 방에 두었다."

"아 네……. 고생하셨어요. 내가 와서 계약한다고 했는데 그 복덕방은 왜 그랬는지……. 참 이상한 사람……."

"그래 어서 쉬어라."

"……."

그 뒤로 일언반구 아무 말씀이 없으시다. 다음 날도, 그다음 날도 마치 아무 일 없었다는 듯 태연하게 나를 대하셨다. 난리가 날 줄 알았는데 온 집안이 폭풍전야처럼 고요하기만 하다. 이 반전을 어떻게 이해하면 되는지 종잡을 수가 없었다. 엄마의 놀라운 평정심은 오히려 나를 당혹스럽게 했다. 새벽기도에 열심이셨던 권사님 내공이 이 정도일 줄이야.

인사드릴 겸 현각 스님을 뵙고 '긴급 현황'을 말씀드렸다. 애당초 골수 기독교 집안이라 몰래 수행을 할 수밖에 없다는 것을 잘 알고 계셨다. 스님 반응은 명쾌했다.

"엄마가 대단하신 분입니다. 아주 잘 됐어요. 오히려 좋은 일이에요. '일본' 가기 전에 엄마에게 아주 좋은 선물, 엄마가 가장 좋아하실 만한 선물을 해 드려요."

다른 물건보다도 고급스런 예수님 성화 같은 것이 좋을 거라는 조언도 빠뜨리지 않으셨다. '맞아!' 이러쿵저러쿵 여러 설명을 하는 것보다 엄마의 신앙을 존중하고 나 또한 예수님을 사랑하고 있다는 유형의 메시지가 내 마음을 대변하고 엄마를 안심시켜 드릴 수 있을 것 같았다.

엄청난 충격을 받으셨을 텐데 오히려 딸을 배려하는 엄마의 마음이나, 제자의 수행을 위해 그렇게까지 세심하게 마음을 쓰시는 스님의 배려가 고맙기 그지없었다. 가슴이 묵지근해 왔다. 이 은혜를 어떻게 갚아야 하나. 모두에게 감사했다. 엄마에게, 스님에게, 그리고 복덕방 중개인에게.

부모님이 묵인해 주시는 듯하다고 해서 '일본 프로젝트'까지 사실대로 말씀드릴 수는 없는 일이다. 벽에 붙어 있던 글귀들과 책들은 당분간 나의 새로운 '관심거리' 정도로 이해하고 계시는 것이 좋았다. 언제가 될지 모르지만 전말을 아시게 될 때까지 최대한 충격을 완화하는 것이 우선이다. 그날을 기약하며 본격적인 수행 프로젝트를 위해 물밑 작업을 시작했다.

제일 먼저 앓던 이를 뽑았다. 직장에 사표를 냈다.

'이렇게 쉬운 것을……'

이런 경우 대개 시원섭섭을 운운하지만 나는 오직 시원하기만 했다. 오히려 고맙기까지 했다. 섭섭할 무언가가 있었다면 도리어 수행을 주저했거나 '방학'을 반납해야 했을지도 모르기 때문이다. 덕분에 미련 없이 내가 하고 싶은 일을 깔끔하게 선택할 수 있었으니 공로상 감이다. 예수님 말씀처럼 모든 것은 합력하여 선을 이룰 뿐이다.

'출국'이 임박했다.

내일이면 공식적으로는 장기 출장을 위해 도쿄로, 비공식으로는 장기 수행처로 예정된 대전으로 떠나야 한다. 짐을 꾸렸다. 일손을 돕는 엄마의 손길을 통해 무수한 무언의 대화가 오갔다. 짐 정리가 끝나갈 무렵 엄마가 정곡을 찔렀다.

"여권은 챙겼니?"

뼈 있는 물음이셨다.

"그럼요."

"일하러 가면서 웬 등산화니?"

"운동도 해야죠. 도쿄도 가까운 곳에 산이 있어요. 주말엔 산행도 하려고요."

진땀이 난다. 거짓말도 아무나 하는 게 아닌가 보다.

엄마는 어디까지 알고 계시는 걸까. 아시는 듯도 하고 모르시는 듯도 한 것이 영 갈피를 못 잡겠다. 나도 별나지만 엄마도 못지않으시다. 하지만 시작된 일이니 직진하는 것 외에는 다른 도리가 없다.

출발하는 날, 아침 식탁에 둘러앉았다. 6개월간의 이별을 앞둔 마지막 조찬이다. 엄마가 식사기도를 하셨다. 절절했다. 과묵한 아버지까지 '아멘'으로 화답하신다.

'주님, 우리 부모님께 딸을 믿는 강한 믿음과 무조건적인 마음의 평안을 주옵소서.'

내 기도는 영 다른 내용이었지만, 다함께 '아멘'이다.

"공항까지 데려다 주마."

아버지가 말씀하셨다.

"괜찮아요. 번거롭게 그렇게 하지 않으셔도 돼요."

"늘 그랬는데 새삼스럽게 왜 혼자 간다는 거니?"

엄마가 거드신다.

"이제는 혼자 할게요. 내가 나이가 몇인데……. 공항 리무진도 아주 편해요."

"앤, 참 별일이다. 짐도 있고 잠시 갔다 오면 될 일을……."

"어른들이 공항까지 나오시는 거 촌스러워요. 잘 다녀올게요. 걱정하지 마세요."

간신히 부모님을 뒤로하고 문을 나섰다. 인천공항이 아닌 서울역으로 향했다. 이젠 수용소 같은 직장도 없고, 주일에 대한 부담감도 없고, 눈치 보듯 하는 기도에서도 일단은 자유로워졌다. 이제부터 해야 할 일은 일시적인 것이 아닌 항상恒常한 자유를 쟁취하기 위해 길을 내는 것이다. 지금 나는 그런 원대한 뜻을 이루기 위해 부모님을 속이는 엄청난 일을 저지르고 있는 것이다. 비장한 각오를 다지며 미지의 세계로 향하는 기차에 몸을 실었다.

비행기로 도쿄 가는 시간이나 KTX로 대전 가는 시간이 별반 차이가 없다는 생각에 비싯 웃음이 나왔다. 드디어 6개월간의 자가 포상 '방학'을 맞은 거다. 원 없이 쉬고, 또 쉴 것이다. 휴거헐거 철목개화休去歇去 鐵木開花라고 했잖은가. 쉬고 쉬고 또 쉬어, 쉬고 있는 그 마음도 쉬어 버리면 쇠로 된 나무에도 꽃을 피운다. 옛 조사祖師*들의 고백이 내 고백이 되어야 한다. 이런 쉼을 쉬고 싶다.

수행 프로젝트에서 만족할 만한 성과를 내기 위해서는 나에 대한 믿음이 있어야 했다. 이게 어떤 프로젝트인가. 건성으로 시간만 축내는 일이 있어서는 안 된다. 부모님 생각, 내 생각, 저버린 일 생각, 헤어진 친구 생각, 이런저런 상념들로 마음을 조리질하며 빠르게 스

---

* 후세 사람의 귀의와 존경을 받을 만한 승려이거나 1종 1파를 세운 승려에게 붙이는 칭호이다.

쳐 가는 바깥 풍경을 바라보았다. 나도 이렇게 살아온 듯했다. 앞만 보며 속도만 내느라 놓쳐 왔던 많은 것들이 오버랩 되었다. 왜 사는지, 어디로 가는지, 아니 왜 가야 하는지도 모른 채 살아온 것이다. 열심히만 하면 되는 줄 알았다. 나 자신을 모르고 사는 삶이 안전할 리 없다. 내가 주인이 아니니 늘 부대낀다.

주객이 전도된 삶의 고리를 끊고자 하는 것이 이번 프로젝트의 목적이다. 최종 목표, 다른 말로 나의 장래희망은 '해탈'이다.

도착할 즈음 스님이 하신 말씀이 생각났다.

"너의 경전을 쓰고 와!"

그렇다. 이제는 남의 말이 아닌 내 언어로 나를 정의하고, 내 말로 나의 삶을 정리할 수 있어야 한다. 언제까지 공자 왈, 맹자 왈, 예수님 가라사대를 반복할 수는 없는 일이다.

그러고 보니 세상은 모두 다른 사람을 빗대고 흉내 내며 사는 것 같다. 교수는 다른 학자의 논문을 인용하면서 자기 말인 양 주장하고, 철학은 여전히 수천 년 전의 '썰'들을 무한 재생 반복하고 있다. 정작 해야 할 말에는 침묵하고 하지 말아야 할 말이 난무하고 있다. 어느 게 진짜인지 분간하기 어려운 때라서 그런지 조정래 선생님 말씀이 더욱 빛이 난다.

종교는 말해서는 안 되는 것을 말하려는 것이며, 철학은 말할 필요가 없는 것을 말하려는 것이며, 과학은 말할 수 있는 것만 말하는 것입니다. 그런데 문학은 꼭 말해야 하는 것을 말하는 것입니다.

-조정래, 『황홀한 글감옥』, 시사IN북, 2009.

남의 말만 갈고닦다 보니 본질은 꿰뚫지 못하고 레토릭rhetoric만 화려하다. 목사님들은 성경책에 인쇄된 자음과 모음에 목숨을 걸고 내세를 아이템으로 한 교회 경영에 여념이 없다. 원수 사랑은 고사하고 싸움도 마다하지 않는다. 누가 더 잘 베끼고, 누가 먼저 눈먼 돈을 챙기느냐에 따라 앞서거니 뒤서거니 한다. 자기는 없다. 자기가 없으니 양심도 방을 뺀 지 오래다.

나는 이제 눈을 뜨려고 한다. 더 이상 얄팍한 장삿속에 속으며 끌려 다닐 수 없는 노릇이다. 무임승차를 거부하고 내 손으로 운전해 나갈 것이다. 그러기 위해서는 내가 누구인지, 나의 우주적 스스로의 몫이 무엇인지 알아야 한다. 나는 간절히 그것이 알고 싶다.

쉬는 법

서대전 나들목을 빠져나가면 멀지 않은 곳에 국제선원 무상사無上寺라는 곳이 있다. 고故 숭산 대선사가 전 세계에서 몰려드는 외국인 제자들을 위해 마련하신 수행 터전이다. 서울에 위치한 화계사 국제선원이 도시 사람을 위한 일상 속에서의 수행처라면 무상사는 보다 집중적인 수행을 원하는 사람들에게 열린 공간이다.

35년 동안 해외 포교를 하신 숭산 스님은 세계 30개국에 100여 개가 넘는 선원을 여셨다. 미국은 물론 홍콩, 싱가포르, 헝가리, 폴란드, 이스라엘, 남아프리카공화국, 말레이시아, 호주 등 숭산 스님의 포교는 체제와 지역을 망라한다. 인종이나 종교를 초월해 '참 사람'을 알라는 동양 선사의 가르침을 찾아 수많은 사람들이 모이면서 더불어 공부할 수 있는 공동체를 형성하게 된 것이다.

2004년 열반에 들기 전까지 한국의 숭산 선사는 티베트의 달라이 라마와 베트남의 틱낫한 스님, 캄보디아의 마하 거사난다와 더불어 4대 성불로 추앙받는 분이셨다. 세계인이 인정하는 분을 정작 한국 사람은 몰라준다. 그분이 입고 있는 '회색 옷'을 이유로 많은 한국의 기독교인들은 주저 없이 고개를 돌린다. 벗겨 내면 그만인 포장지 때문에 담겨 있는 가치를 송두리째 사장시킨다.

아놀드 토인비Arnold Toynbee는 "종교의 본질은 자기중심주의를 극복하는 것"이라고 말했는데 한국의 기독교인들은 종교를 철통처럼 자기중심주의를 지키는 옹벽으로 삼는다. 개념 없이 물 쓰고 전기 쓰는 것만 자원 낭비가 아니다. 이보다 더한 자원 낭비는 없다. 이보다 더한 에너지 낭비는 없다.

대선사는 '나는 누구인가?What Am I?'라는 물음을 던지고, '오직 모를 뿐Only Don't Know'이라는 화두로 실타래처럼 엉킨 20세기 서양 사람의 생각 덩어리를 끊어 내게 하셨다. 이 '손가락'은 까만 사람, 하얀 사람, 노란 사람, 잘사는 사람, 못사는 사람 할 것 없이 모두를 열광하게 했다. 그들의 삶에 지지 않는 빛이 될 '달'을 보게 하신 것이다.

숭산 대선사는 하버드 신학대학생이었던 폴 뮤젠을 한국의 비구현각이 되게 했고, 골수 기독교인이었던 나를 지금 '여기'에 오게 했다. 이는 밖에서 주어지는 것이 아닌 저마다 안에서 끌어올리는 '복음'을 들을 수 있었기 때문이다.

나는 내 안의 소리에 귀를 기울이고자 인생 방학을 만들어 계룡산 국제선원 무상사를 찾았다. 이곳은 국내외 다국적 제자들이 출가 수행자로 혹은 재가자로 머물며 '참나'를 찾아 수행에 전념하는 공간이다. 초기 제자인 미국인 대봉 스님이 조실祖室로 계시고 한국어에 능통한 대진 스님이 주지로 선원의 안팎살림을 맡고 계신다. 국제선원은 승속僧俗이 엄격하게 분리되어 운영되는 한국의 전통 선원과는 달리 승려와 일반 재가자가 '함께' 어우러져 공존한다.

국제선원 무상사는 동학사, 갑사, 신원사 같은 천년 고찰을 품고 있는 계룡산 자락에 자리 잡고 있다. 대웅전과 참선을 위한 선원동, 공양간(부엌)과 방문자들의 숙소로 쓰이는 요사채, 이렇게 세 건물로 이루어져 있다. 한국의 여느 사찰처럼 배산임수의 풍수를 따라 배치된 선방과 대웅전은 수려한 경관을 감상할 수 있는 전망대 역할을 톡톡히 하고 있다.

'입국 수속'을 마치고 '체크 인'도 끝냈다. 호수가 내려다보이는 전망 좋은 방은 샤워실이 갖춰져 있어 쾌적했다. 해방구이다. 나는 무언가를 '하기 위함'이 아닌 '그냥 존재하기' 위해 이곳에 왔다. 아무것도 안 하기. 일체의 유위有僞를 빚이 버리고 자연의 일부가 되고자 한다. 잘 할 수 있을까, 아니 어떻게 하는 것이 온전히 쉬는 것인지도 모른다는 게 솔직한 심정이다. 우선 쉬는 법부터 배워야 했다.

해야 할 일, 한 일, 다시 해야 할 일들로 잠시도 쉬지 못했던 몸과 마음에 휴식을 명해야 한다. 단 1분도 그냥 쉬지 못하고 언제나 생산성과 건설적인 사고를 강요받고 스스로를 강제하며 살아왔다. 가만히 흘려보내는 시간은 낭비였고 죄악이었다. 미래에 저당 잡히고 과거에 끌려 다니느라 현재 없는 삶을 잘 사는 것이라 믿으며 살아온 것이다. 쳇바퀴처럼 가속도가 붙어 돌아가는 시간을 멈추고 필요하다면 되돌려도 볼 것이다.

귀에 목에 손가락에, 심지어는 발목에까지 주렁주렁 달고 다녔던 쇠붙이들을 풀었다. 옷도 형형색색 색동옷을 벗고 내일 뭘 입어야 할지 걱정 안 해도 되는 '교복'으로 바꿔 입었다. 수행에 걸맞는 옷은 몸에 어느 한 구석도 무리를 주거나 부대낌이 없도록 느슨하고 기품이 있다. 연지 곤지도 필요 없다. 그리고 칠하지 않으니 복잡한 클렌징 절차도 생략된다. 구색을 갖춰야 하는 화장품에 드는 비용도 상당했는데 여기서는 대부분 무용지물이다. 돈 절약, 시간 절약. 수행이 주는 장점은 준비 단계에서부터 모습을 드러낸다.

선원에서 요구하는 의무는 조석 예불뿐이다. 새벽 3시에 일어나 백팔 배와 참선으로 하루를 맞고 저녁에 짧게 진행되는 좌선에 동참하는 것 외에는 자유시간이다. 종일 맑은 공기 들이쉬기, 신나게 책 읽기, 아무 때나 원하는 만큼 좌선하기, 상 차려 놓으면 밥 먹기, 하늘 보기, 차 마시기, 흙 밟으며 걷기, 그마저 안 하기. 천국이 따로 없다.

5월의 신록이 그토록 화려한지 처음 알았다. 하루가 다르게 봄이 다가오는 모양새를, 처음 보았다. 땅이 생명을 품고 길러 내는 만물의 탄생 과정을 지켜보면서 뒤늦게 자연 앞에 무릎을 꿇었다. 대지가 자궁이며 어머니라는 표현은 더 이상 문학이 아닌 깨달음이자 진리 그 자체였다. 서른이 넘도록 콘크리트에 갇혀 살았던 내게는 모든 것이 경이로움이고 별천지 같은 새로움이었다.

선원에서의 생활은 바깥세상과 전혀 달랐다. 컴퓨터도 없고, 텔레비전도 없고, 음악도 없고, 술도 없었다. 버라이어티 쇼의 어수선함은 물론이거니와 삼겹살에 이슬이 한 잔으로 삶의 애환을 잊게 하는 마취제도 없다. 노래방도 없고 검색어 1위도 알 길이 없다. 오감을 자극하는 가공된 '조미료'는 일체 없다. 주변을 둘러싸고 있는 온갖 종류의 전원을 뽑고 나니 전류 대신 맑은 산소가 흘러들어 왔다. 오롯이 유기농 24시가 있을 뿐이다.

전자음이 꺼지고, 외부의 소음이 잦아드니 평소 듣지 못했던 소리가 들리기 시작했다. 모니터 속의 잡다한 정보를 닫고, 울긋불긋 현란한 네온사인을 외면하니 지금껏 보지 못한 것들이 보이기 시작했다. 하늘이 만져지는 것 같고, 오염되지 않은 공기는 꼭꼭 씹을수록 새 맛이 났다. 정지된 듯하나 가만히 들여다보면 매일 다른 세상이었다.

사람들처럼 한시도 쉬지 않고 숨을 쉬고 있는 자연을 마주하면서 나는 신음하지 않을 수 없었다. "아하!" 이런 세상이 있었구나. "아하!" 이거였구나. 아무것도 모르고 살았구나. 자연은 내 안에서 혁명을 일으키고 있었다. 새 하늘과 새 땅이 열리기 시작했다.

어느 날인가 노란 병아리처럼 푸르른 햇살을 받으며 마당에서 놀고 있었다. 주머니 속에 있던 핸드폰에서 벨이 울렸다.

엄마 전화였다.

"모시모시?"

"얘, 도쿄에서 지진이 있었다는데 괜찮니?"

이게 무슨 변고인가. 텔레비전도 없고 신문도 없으니 딴 나라에서 무슨 일이 일어나고 있는지 알 턱이 없다. 엄마는 도쿄에 지진이 있었다는 뉴스 보도를 듣고 전화를 하신 것이다.

"아 예……. 약진이에요. 저 있는 곳하고는 거리상으로도 꽤 떨어진 곳이고요. 아무 일 없이 잘 지내고 있으니 걱정하지 마세요."

"그렇다면 다행이고……."

설상가상으로 그 순간, 미국 행자님이 옆에서 있는 힘껏 목탁을 내리친다.

"똑, 똑, 똑 또로로로로오 또독 똑!"

점심 공양시간을 알리는 시그널이었다.

"이게 무슨 소리니?"

'주여!'

잽싸게 송신기를 막고 목탁을 피해 도망을 쳤지만 때는 이미 늦었다. 들을 건 다 들으신 후다.

"네? 글쎄요……. 어디서 공사를 하나, 저도 잘 모르겠는데요……."

식은땀이 솟았다.

도쿄 한복판에서 일하고 있을 사람 곁에서 목탁 소리가 울리다니, 심장이 멎는 줄 알았다. 이럴 때는 한시라도 빨리 끊는 게 상책이다.

"엄마 저 들어가 봐야 해요. 나중에 연락드릴게요. 안녕히 계세요."

통화 종료 버튼을 정확히 확인해 가며 꼬옥 눌렀다. 눈치 100단인 엄마가 행여라도 알아차렸으면 어쩌나 하는 마음에 심장이 콩닥콩닥 눈앞이 아찔해졌다. 점심이고 뭐고 놀란 가슴과 함께 식욕도 함께 달아났다. 그 자리에 주저앉았다.

'주여, 아무 일도 없게 하소서.'

어느 때보다도 간절히 빌었다.

그 일이 있은 후로는 수단 방법을 동원해 일본 관련 뉴스를 챙겨야 했다. 일본에서 민주화 소요가 일어날 리도 없고, 대체적으로 조용한 국민들이라 별다른 뉴스거리가 있을 리 없다. 문제는 지진이다. 심심찮게 지진이 발생하는 나라니 영 성가셨다. 완전 범죄, 아무나 하는 게 아니다. 수행 좀 하겠다는데 왜 이리 태클이 잦은지……. 덕분에 아무것도 없는 곳에서도 심심할 틈이 없었다.

여름 안거

불가에서는 계절을 둘로 구분한다. 결제철과 산철이다. 결제철은 수행자가 만행에서 돌아와 두문분출하며 수행에 정진하는 계절이다. 인도의 우기에 기인한 '머무르는 수행'은 한국에 들어와 여름철 하안거夏安居와 겨울철 동안거冬安居 두 차례로 행해진다. 안거 기간은 각 3개월이다. 반대로 산철은 결제結制, 외출이 통제되는 때와 결제 사이의 유행기遊行期를 의미한다. 전자가 나를 보는 수행이라면, 후자는 세상을 둘러보는 만행이다.

무상사에 입국했을 때는 막 동안거가 끝난 산철이었다. 스님들이 바랑을 메고 들로 저잣거리로 나가실 때 나는 '자율학습'을 위해 입산한 것이다. 짐을 푼 것이 엊그제 같은데 어느새 3개월이 훌쩍 지났다. 똑딱 똑딱 시계 분침에 떠밀리지 않는 세월은 의식을 하지 못해서인가 훨씬 빠르게 지나갔다. 한 3일 지난 것 같은데 세 달이 훌쩍 넘었다. 유연한 시간 속에서 자연을 병풍 삼아 때 묻은 심신을 정화하고, 수행자의 삶이 어떤 것인지 지근거리에서 볼 수 있었다. 나만의 '봄 안거'였다.

5월의 푸르름이 무르익어 더위로 느껴질 즈음 하안거가 시작된다. 결제에 들어간다고 해서 이를 입제入制라고 한다. 하안거는 매년 음력 4월 보름 다음 날부터 7월 보름까지다. 이 기간에는 일체의 외출을 금하고 이열치열 오로지 수행에만 전념한다.

봄 안거를 통해 이제는 몸도 마음도 '종일 앉아 있을' 준비를 마쳤다. 워밍업이 끝난 것이다. 직지사 성지순례에 따라나섰다가 처음 인연이 닿았던 참선, 한눈에 반해 2박 3일, 6박 7일간의 짧은 데이트를 거쳐 이제는 제대로 동거를 시도하려고 한다.

국제선원의 안거는 한국의 선방 못지않게 사뭇 진지하다. 어떤 면에서는 더욱 간절하다. 스님들은 철 되면 아무 데나 '무료'로 들어가 앉으면 되고, 이번에 못하면 다음에 하면 되고, 올해가 여의치 않으면 내년도 있다. 하지만 '유료'로 지원한 일반 사람들은 마음가짐이 다르다. 참가비용도 만만치 않거니와 그만 한 시간을 내는 것도 쉬운 일이 아니기 때문이다. 어쩌면 수행은 복 받은 사람들에게 주어지는 행운일지도 모른다는 생각이 든다. 막연히 하고 싶다고 해서 가능한 일이 아니기 때문이다. 의지는 물론이거니와 상당한 시간과 재정이 동시에 허락되어야 한다. 유럽 여행과 다르지 않다.

계룡산 국제선원 무상사 안거에는 전 세계 사람들이 몰린다. 왕복 항공료에 수백만 원 하는 3개월간의 결제 비용을 포함하면 결코 적은 비용이 아니다. 이들은 장기 휴가까지 내 가며 기꺼이 이곳을 찾는다. 외국인들은 최소 한 달 이상 머무는 사람들이 많다. 나와 함께 3개월을 끝까지 함께한 사람들도 적지 않았다.

20대 젊은 미국인 부부가 있었다. 인도를 거쳐 한국에 왔다는 이들은 어린 나이에도 불구하고 제법 진지한 표정이 인상적이었다. 방선放禪을 하고 취침시간이 되면 각방을 써야 하는 아쉬움을 달래려는지 후미진 계단 구석에서 묵언 규칙을 깨고 속닥속닥 속삭임으로 사랑을 대신하던 귀여운 커플이었다. 또 한 명의 진지파가 있었다. 나와 한방을 쓴 이스라엘 처자다. 하나님의 선민인 어여쁜 이스라엘 처자는 모든 수행 일정에 누구보다도 철저했다. 한참 뒤에 안 일이지만 태국에서 소위 말하는 '정통 타이 마사지'를 수료한 친구였다. 룸메이트라는 프리미엄으로 두어 번 아름다운 정통 타이 마사지를 받을 수 있었다. 수행을 하면 재미있는 일도 많다.

그 밖에도 두바이에서 일한다는 프랑스 할머니, 이 할머니는 해마다 오시는 단골이란다. 참 대단하시다. 한국 태권도에 심취한 캐나다 청년, 예일대 재학 중이었던 똑똑한 미국 아가씨, 이 친구는 안거가 끝나고 혹독하기로 유명한 한국 비구니 사찰로 출가했다는 소식을 접했다. 이외에도 1주일이나 2주일씩 입방해 함께 수행했던 사람들이 얼마나 되는지는 일일이 헤아릴 수가 없다.

직장까지 정리하고 시작한 나의 안거 또한 헐렁할 수 없었다. 아니 비장했다. 처음이자 마지막일 수 있는 이 기회를 나는 120퍼센트 활용해야 했다. 90일 동안 좌복坐服* 위에서 생사를 걸 생각이었이다. 시작에 앞서 어떻게 하면 더 잘 해낼 수 있는지 전문가의 조언이 절실했다. 선방 1층에는 묵언으로 진행되는 안거 중에 수행자 간에 필요한 최소한의 소통을 위한 게시판이 있었다. 하고 싶은 말이 있을 경우에는 이 게시판을 통해 메모지로 전달할 수 있다. 다년간 선방 경험이 있다는 유일한 한국 비구 스님께 쪽지를 붙여 놓았다.

친애하는 혜통 스님,

이번 하안거를 최대한 잘 해내고 싶습니다. 어떻게 하면 효과적으로 안거에 임할 수 있는지, 조심해야 할 것, 하면 좋은 것 등 스님의 노하우를 알려 주시면 큰 도움이 될 것 같습니다. 조언을 주십시오. 감사합니다.

ps. '마음을 비우세요', '잘 하세요' 같은 것 말고, 구체적이고 실용적인 지침을 부탁드립니다.

● 수좌(수행하는 스님)를 상징하는 대표적인 불구佛具로 좌부동坐不動이라고도 불린다. 선방에서 좌선할 때는 방석이며 잠잘 때는 이불 대용으로 쓰인다.

다음 날 새벽에 나를 기다리는 메모지가 게시판에 붙어 있었다. 혜통 스님이었다. 두 손으로 쪽지를 떼어 내어 펴 보았다. 쪽지가 아니었다. 반으로 접힌 A4 용지 이면지에는 '제1편'과 '제2편'으로 나뉘어 빼곡하게 친절한 안내문이 쓰여져 있었다. 너무나도 감사했다. 주무시는 시간을 줄여 가며 내 물음에 정성껏 답을 주신 것이다.

제1편
결제 기간 중 가장 힘든 시기가 보통 누구에게나 첫 주와 마지막 주입니다. 적응이 더딘 사람은 둘째 주에서 더 길게 가는 경우도 있습니다. 이유는 말하지 않는 편이 나을 것 같습니다. 그냥 그러리라 믿고 첫 주를 시험무대라 생각하고 지내보십시오. 좌선하는 시간이든 쉬는 시간이든 3개월 동안 주의할 점은 강약의 중간의 선을 유지하는 일입니다.

　좌선할 때
　· 공부에 욕심을 내지 말 것
　(욕심을 내면 호흡에 무리가 오고 갖가지 병이 오기 쉬움)
　· 너무 느슨하여 수마에 빠지지 말 것
　(특히 여름철에 수마에 빠져 좌복에서 자주 졸면 기력이 쇠진되기 쉬워요)

· 앉는 것은 내 체질에 맞는 좌선의가 장기적으로 최고예요. 시선은 2미터 앞이 적당.

너무 가까우면 고개가 점점 숙여져 졸음이 오기 쉬워요. 졸음 올 때는 시선을 멀리 두고. 한 2~3주일 팔다리 아픈 것은 기본으로 감수해야죠!

(ps. 옆 사람 의식해서 너무 잘 앉으려 하면 장기적으로 손해)

제2편

쉴 때, 잘 쉬어야 됩니다!

지금은 몸이 고단해서 무조건 눕고 싶은 건 아닌지, 좀 지나면 쉬는 시간도 길게 느껴질 수 있어요. 입선하기 30~40분 전에는 가능한 한 편안하게, 편안한 자세로 쉬어 주는 것이 좋아요. 그러니 그 전(입선 30~40분 전까지)에는 뭔가 하는 것도 괜찮습니다. 가벼운 육체적 소일거리 같은 것.(혹시 여름에 땀을 흘려 피로를 쉽게 타는 체질이면 그냥 가볍게 포행하는 것이 좋아요.)

그러나 가장 중요한 것은 역시 꺼지지 않는 신심!

· 내게 주어진 소임거리들은 옆 도반의 수행을 돕고 있다는 기쁜 마음을 가지고 이번 철 복 많이 지어야겠다는 서원을 세우세요.

· 아무 하릴없이 좌복에 앉아 있는 일이 부질없이 느껴져도, 사실은 밖에서 본능에 이끌려 이리저리 뒹굴다 가는 정신없는 시간에 비하면 영겁에 남을 재산을 비축하고 있다는 확신을 가지세요!

보살님은 No Problem!
慧通

나만의 참선 지침서다. 어수선할 때마다 꺼내 보면 어느새 마음을 조용히 좌복 위에 앉혀 놓는 도반 같은 글이다. 지금은 어디서 정진하고 계신지 알지 못하지만 그해 여름 스님은 내게 평생 힘이 될 소중한 선물을 주셨다.

스님이 언급하신 대로 첫 주는 육체와의 싸움이었다. 새벽부터 밤까지 하루 9~10시간을 가부좌 자세로 꼼작 않고 앉아 있는 일은 녹록하지 않았다. 전신이 욱신욱신 쑤시고 앉지도 걷지도 못하는 통증이 몰려 왔다. 마음보다 먼저 몸이 앉을 수 있어야 했다.

안거는 비가 오나, 바람이 부나, 천둥이 치나, 상관없이 묵언 가운데 50분 좌선하고 10분 포행(걷기)하는 일로 하루를 채운다. 혜통 스님이 일러 주신 대로 하루라도 낭비하지 않고 안거에 몰입할 수 있도록 몸과 마음을 추슬렀다. 몸으로 느껴지는 고통은 거짓말처럼 시간과 함께 서서히 자취를 감췄다. 다리가 열리고 척추가 반듯하게 자리를 잡고 나니 앉는 것이 훨씬 수월해졌다.

좌선다운 좌선을 할 수 있게 되었다. 몸이 정리되고 나니 이제는 마음이 움직이기 시작했다. 3개월 동안 좌복 위에서 한 경험을 어떻게 표현할 수 있을까……. 새벽에 앉는 마음, 아침에 앉는 마음,

낮에 밤에 앉는 마음의 작용과 흐름이 달랐다. 심장이 쉼 없이 뛰듯 마음도 덩달아 뛰며 살았던 탓에 '움직임'은 다채로웠다.

궁극적으로는 무념·무상의 경지에 들어야 하지만 처음부터 그리 되는 것은 아니다. 시작은 요동을 친다. 마음속이 그렇게 분주하고 천방지축으로 날뛰는 물건인지 놀라울 따름이다. 마음을 말(馬)에 비유하는 연유를 실감하게 했다. 바깥에서와 다른 점이 있다면 끊임없이 떠올랐다 뒤엉키고 사라지는 생각들을 만지지 않는다는 것이다. 중구난방으로 오가는 생각들에 휩쓸려 또 다른 생각을 만들어 내는 '마음놀이'를 그만두는 것이다.

화두란 만 가지 생각들을 잘라 내는 단검이다. 울컥 생각이 올라오면 '나는 누구인가', '모를 뿐'이라는 단검을 내리치며 생각 없는 빈자리로 돌아간다. 언제나 시간은 우리를 구원에 이르게 한다. 하루 이틀, 한 주 두 주를 거듭하면서 서서히 마음도 허리를 펴고 좌복 위를 앉을 수 있게 되었다.

좌복 위에서 울고 웃었다. 졸기도 하고 두 눈이 번쩍 뜨이는 깨달음의 파편들로 환희심을 맛보기도 했다. 참선은 먼저 과거의 마음을 치료하는 작업이었다. 평생 잊고 살았던 수십 년 전의 일, 상황들이 떠올라 당혹하게도 하고 새로운 이해를 가져다주기도 했다. 감추어져 있던 분노가 용솟음치기도 하고, 가볍게 지나쳤던 감사한 일이 지극한 마음으로 되새겨지기도 했다. 살아온 시간들이 영상처럼 스치면서 과거 생이 새롭게 자리매김하고 있었다.

미운 사람이 고운 사람이 되기도 하고, 갖지 못한 것을 갖게도 하며, 손에 쥔 것을 놓게도 한다. 바늘 찌를 자리도 없는 옹색한 마음이 세상을 품을 수 있는 바다의 마음이 되도록 하는 것이 참선이었다. 진리로 통하는 입구에도 들지 못했지만 자유가 누구신지, 어떤 모양새인지 알 수 있을 것 같았다. 무엇보다 하나님께 감사했다. 눈물이 나려고 했다. 이 무슨 은혜이며, 축복인가……. 값없이 주신 사랑과 인도하심이 부모님 마음 같아 한없이 감사하고 송구했다.

언제나 노심초사, 애걸복걸하던 마음이 문제였다. 오랜 세월 주인 없이 고아처럼 이리저리 떠돌던 마음이 고향을 찾았다. 다시 고아가 되게 해서는 안 된다. 이제 그 마음을 씻기고 말쑥한 옷으로 갈아입혀 험한 곳으로 나다니지 않도록 잘 간수하는 것이 중요하다. 이 마음이 내 안에서 자리를 잡아 어디에도 주눅 들지 않고 당당하게 주인 노릇을 하며 살 수 있도록 해야 한다. 부지런히 닦아 움직이지 않는 항상심恒常心을 얻는 것, 이것이 진정한 재테크이고 든든한 노후대책이 될 것이다.

여름 안거는 인생 5교시, 희망이었다.

#6

선방에서
만난
하나님

부처를 만나면 부처를 죽여라

해제解制를 하고 6개월 만에 서울에 올라왔다. 남대문을 지나 서울에 들어서니 '해냈다'는 성취감이 어깨를 펴게 했다. 한여름의 뜨거운 태양도 나를 열렬히 환영하는 것 같았다. 그리고 그간의 공백이 실감났다. 밉살스럽던 도시가 반갑기까지 한 것을 보니 역시 떨어져 있어야 그리워지는가 보다. 쉬면서 뾰족 뾰족 모난 마음이 둥그레져서인가 내가 예전 같지 않다. 지하철에서 어깨를 밀쳐도 '허허', 식당에서 백 미터 달리기 하는 아이들도 그냥 넘어가진다.

별일이다. 수행의 '후유증'은 이뿐만이 아니다. 단순함과 검약의 미에 눈뜨게 했다. 주렁주렁 달고 끼고 다녔던 금붙이들이 더는 욕망의 대상이 되지 않았다. 무겁기만 하다. 보석이 반짝반짝한 비주얼이 아닌 무게로 이해되다니……. 왜 돈을 내어 가며 '무겁게' 살아야 하는지 이해하기 어려운 정신 상태가 되고 말았다. 이렇다 보니 경제학자가 들으면 고민스럽겠지만 점점 소비할 일이 줄어든다. 세상은 온통 지갑을 열라고 수단과 방법을 가리지 않고 보채는데, 나는 반대로 가고 있었다.

가장 큰 변화는 음식에 대한 견해다. 불과 얼마 전까지만 해도 나는 몹시 까다로운 식성을 가진 사람이었다. 밥보다는 결국에 빵을 먹어야 배가 불렀고, 콩은 콩나물 대가리조차 톡톡 뱉어 내고, 밥은 언제나 한 숟가락씩 남겨야 했으며, 김치나 나물 따위는 거들떠보지도 않았다. 시래깃국? 그건 음식이 아니었다. 토끼도 아니고 이 풀들을 왜 먹어야 하는지 이해가 안 되었다. 입맛은 비빔밥 같은 일품 요리 대신 기름진 코스 요리에 심각하게 길들어져 있었다. 그런데……

발우鉢盂!

한약도 아닌 발우 그릇 때문에 체질 개선이 되고 말았다. 색다른 식사법을 접하면서 또 다른 의식에 지각변동이 일어났다. 발우는 '적당한 양을 담는 밥그릇', 수행자에게 합당한 크기의 밥그릇(응량기)을 뜻한다. 나를 바꾸게 한 발우에는 음식이 아닌 정신이 담겨 있었다. 자연에 순응하는 마음, 뭇 생명들에 감사하는 마음, 고도로 절제된 정신이 깃들어 있었다. 깨 한 톨, 고춧가루 한 조각도 남기지 않는 발우 공양은 가장 친환경적인 식사였다. 남는 건 없다. 음식물 찌꺼기는커녕 마지막에는 청수라고 불리는, 그릇을 헹군 설거지물까지 마신다. 어떻게? 양손으로 받쳐 들고, 감사한 마음으로 꿀꺽.

1식 3찬으로 구성된 발우의 모든 절차는 엄격한 침묵 가운데 이루어진다. 말이 필요 없다. 발우 부딪히는 소리는 물론 먹는 소리도 삼가야 한다. 오직 죽비소리에 맞춰 물, 국, 밥, 찬, 물이 순차적으로 돌고, 조용히 음식을 취한 후 게송으로 마무리한다. 발우 중에는 오관게五觀偈라는 게송을 암송한다. 발우 사상이 잘 깃든 노래다.

온갖 정성이 두루 쌓인 이 공양을	計功多少量彼來處
부족한 덕행으로 감히 공양을 받습니다	村己德行全缺應供
탐심을 버리고 허물을 막고	防心離過貪等爲宗
바른 생각으로 육신을 지탱하는 약을 삼으며	正思良藥爲療形枯
도를 이루고자 이제 먹습니다	爲成道業膺受此食

먹는다는 것은 맛과 식탐을 충족시키기 위해서가 아니라 '수행하는 몸'을 위한 것이었다. 발우를 하면서 탐욕의 억제를 배워야 했다. 지위고하 없이 모두 평등하게 차별 없이 나누어 먹는 발우 공양은 선방의 참선 수행과 다르지 않았다. 엄연한 수행의 연장이었다. 왜 먹어야 하는지, 먹고 있는 사람이 누구인지를 속속들이 보게 하는 아름다운 수행이다.

처음 맞닥뜨렸을 때의 충격과 난감함과 고통스러움은 지금도 생생하다. 내 앞에 놓인 것은 다음 순서가 오기 전에 다 비워야 하고, 먹은 뒤에는 손가락으로 그릇을 씻은 물까지 마셔야 했다. 식은땀이 흐르고 눈앞이 캄캄했다. 땅으로 꺼지거나 하늘로 솟고 싶었다. 토할 것만 같았다. 묵언 중에 이루어지는 온 대중의 엄숙한 식사시간에 나는 사지를 비틀며 신음을 했다. 티도 못 내고.

발우를 통해 배운 것은 한둘이 아니다. 본능을 충족시키는 것이기에 더욱 절절한 가르침이다. 수행은 나 자신의 부끄러운 모습을 보게 하는 거울이었다. 속까지 낱낱이 비추는 전신 거울이다.

불교는 이 모든 것을 '방편方便'이라고 말한다. 몸을 움직이는 절이 잡념을 끊고 하심을 실천하기 위한 방편이었듯이, 발우는 욕심을 비우고 내게 닿아 있는 모든 생명들에게 감사하는 마음으로 본능을 제어하는 방편이다. 일체 모든 것이 '나'의 수행을 위해 존재하고, 나의 수행을 돕는 조력자이자 수단으로서의 방편인 것이다. 우상이 있을 수 없다. 거기에는 불상은 물론이거니와 '부처'도 예외가 아니다. 나를 보는 수행에 걸림이 된다면 부처도 부정해야 한다.

'부처를 만나면 부처를 죽이고, 조사를 만나면 조사를 죽이라!'

이른바 살불살조殺佛殺祖라는 이 유명한 구절은 선禪의 본질을 가장 극명하게 표현한다. 부처가 이러하니 '불교' 자체도 하나의 방편일 수밖에 없다. 그 이상도 그 이하도 아니다. 불교는 종교가 아니라고 일컬어지는 이유가 여기에 있다. 맹목적인 믿음을 강요하지 않기 때문이다. 대신 스스로 궁구하고 체험해 '득得'하라고 말한다. "믿씁니다"가 아닌 "아하!"라고 무릎을 칠 수 있는 현현한 이해가 최종 목표지점이다. 이게 전부다.

사과의 참맛을 설명하는 말(경전)이 그 아무리 무성한들 말로써 그 맛을 온전히 이해할 수는 없다. 아무리 학식이 풍부하고, 도 높은 선禪 지식이라 할지라도 남의 말일 뿐이다. 진정한 맛은 자기가 한 입 깨물어 먹어 봐야 안다. 이게 선禪이다. 입맛을 회복하기 위한 방편이 참선이다.

깨달음에 이르기 위한 방편으로서 불교도 다양하다. '테라바다 theravāda'라고 불리는 상좌(남방)불교를 혼자 타고 가는 자전거에 비유한다면, 대승불교는 여럿을 태우는 버스에 비유할 수 있다. 나 개인의 깨달음을 우선하는가 모두의 깨달음을 중시하는가의 차이다. 선불교는 양보다 질에 방점을 찍는다. 혼자 가냐 둘이 가냐의 문제가 아닌 '어떻게' 가는가 하는 차원이다. 혼자가 모두이기 때문이다.

교인이 주기도문이나 짧은 성경 구절을 암송하듯 불자는 특정 문구를 반복해서 염하는 염불이나 주력(만트라) 수행, 절 수행, 경전 사경寫經 등 다양한 수행을 방편으로 삼는다. 이런 수행이 걷거나 혹은 기차를 타고 서울에서 부산으로 가는 것이라면, 참선은 비행기로 가는 코스다. 논스톱, 노 환승, 다이렉트로 목적지를 향한다. 서로 간에 좋고 나쁨은 없다. 저마다 취향대로, 성향대로, 능력대로, 기호대로 가면 되는 것이다.

멀미하는 사람은 버스를 탈 수 없을 것이며, 걷는 것을 즐기는 사람은 차가 필요하지 않을 것이다. 급한 용무가 있거나 빨리 가기를 원하는 사람은 비행기를 타면 된다. 서로 우열을 따지지 않고 각자의 모양을 인정하며 가는 거다. 이 느긋함, 군더더기 없는 인식이 멋지지 않은가?

내가 만난 불교, 선禪은 이러했다.

지극히 자상하고 따뜻하며 무식하지도 않다. 대개 착한 사람이 갖는 우유부단함이나 미련스러움 같은 것은 찾아 볼 수 없다. 현빈보다 샤프하고, 스티브 잡스보다 스마트하다. 이런 상대를 보고도 어찌 사랑에 빠지지 않을 수 있단 말인가. 나는 첫눈에 반해 '너 없이는 못 살아' 심정으로 바짓가랑이를 붙들고 교회 담장을 넘었고 집을 빠져나왔다. 목사님한테도 부모님한테도 왜 나가야 하는지 말할 경황이 없었다. 사도 바울도 가족에게 아무 말 없이 집을 나왔다 하지 않는가. 아니 철석같이 '인종주의'에 목매고 있는 그분들에게 이 근사한 '타지 사람'을 어떻게 이해시켜야 할지 알지 못했다. 시간이 필요했다.

눈을 멀게 하는 사랑에 빠진 뒤, 내 머리는 점점 짧아지고 있었다. 안거를 마치고 돌아와 스님께 말했다.

"제 머리가 점점 짧아지고 있어요……."

"좋아요!"

스님은 그저 빙그레 웃으신다.

커밍아웃

6개월간의 일본 프로젝트를 무사히 마치고 '귀국'했다. 부모님 집에 '체크 인'을 하고 짐을 풀었다. 트렁크 안에는 물론 선물도 있다. 온 대전을 뒤져서 앞뒤로 일본말이 도배가 되어 있는 일제 물건을 사 두었다. 어른들께 키티 인형을 드릴 수도 없고 톰보 지우개를 드릴 수도 없으니 선물 장만은 또 하나의 장벽이었다. 완전 범죄는 아무나 하는 게 아니라는 '진리'를 또 한 번 실감했다.

메이드 인 차이나, 베트남, 인도네시아, 타이완, 멀리 아프리카까지 외제가 범람하는 시대에 '메이드 인 저팬'을 찾는 일은 지난하기만 했다. 구원은 백화점 지하에서 왔다. 화과자와 메이지 캐러멜 등 먹을거리가 선물용으로 판매되고 있었다. 이것 말고는 없다. 결국 당뇨약을 복용하시는 부모님께 달콤한 화과자와 예쁜 캔디박스를 선물해야 했다. 이동 시 당이 떨어질 때마다 비상 구급약으로 쓰시라는 친절한 사용 설명과 함께.

얼마나 지났을까. '쟤가 뭐하고 있나.' 부모님이 나를 쇼윈도의 마네킹 쳐다보듯 보는 듯 마는 듯 예의 주시하는 시간이 흐르고 있었다. 그 어느 때보다도 긴장이 고조된 나날이 계속되었다. 부모님은 곧 출근할 것이라 믿고 계시고, 나는 '반대로' 마음이 기울고 있었기 때문이다. 설탕 과자가 바닥날 즈음 커밍아웃을 결심했다.

하지만 무작정 실토할 수는 없었다. 이번 일은 매우 민감한 사안으로 섬세한 주의와 기술을 발휘하지 않으면 안 되었다. 내 말에 진정성을 담아 전달해 줄 수 있는 매체가 필요했다. 효과적인 '프레젠테이션'을 위해 자료 수집에 들어갔다. '불교는 사탄이 아니다'를 증명하기 위한 객관적인 자료들을 취합하는 것이다.

우선 선불교가 무엇인지, 해외에서 크게 인정받고 계신 숭산 대선사가 어떤 분이며, 어떤 가르침을 펼치셨는지, 그분 때문에 김치 없이는 못 살게 된 '모태 크리스천' 현각 스님의 스토리와 대박을 친 저서 상하권, 국제선원에 모이는 사람들에 대한 현황 보고서 등을 모았다. 꽁꽁 뭉쳐 있을 선입견과 경계심을 내려놓을 수 있는 것이라면 무엇이든 좋았다. 낱장 자료는 A4 클리어 파일에 초중급 레벨별로 끼워 넣고, 틱낫한 스님의 『살아계신 붓다, 살아계신 그리스도』 등 이해를 도울 만한 관련 도서들도 구했다. 작게는 어른들의 혈압 상승, 크게는 심장마비를 방지할 주요 장치였다.

'주여, 우리 엄마 아빠의 마음을 열어 주소서.

놀라지 않게 하시고, 실망치 않게 하소서.
끝까지 저를 믿고 오히려 저의 간절한 소망을 통해 열린 마음으로 더욱 풍요롭고 충만한 삶을 사실 수 있도록 도와주시옵소서.
하나님, 제발, 플리즈~
예수님 이름으로 기도합니다.
아멘.'

그날은 엄마가 즐겨 보시는 드라마가 끝나기를 기다리면서 늦게까지 거실을 지켰다. 다행히 드라마는 긴장 구조가 아닌 애틋한 감응을 남기는 착한 엔딩으로 마감했다.

'텔레비전도 나를 돕는구나.'

전파 덕분에 거실 분위기도 말랑말랑해졌다. 아버지는 주무시기 위해 먼저 안방으로 드신 후였고 소파에는 가장 편안한 자세로 엄마와 내가 모처럼 나란히 앉아 있었다.

텔레비전이 제 할 일을 다 했으니 우린 더 이상 벽을 쳐다보고 있을 이유가 없었다. 드디어 내가 출연할 시간이다. 두근 반, 세근 반 좌심방 우심방이 오르락내리락했다. 한 번도 본 적 없는 심장이 이렇게 실체적으로 느껴지기는 처음이었다. 몸속에 심장밖에 없는 것 같았다. 이럴 때에는 단전호흡이 최고다. 참선을 하게 된 후로는 심호흡 할 일도 자주 생긴다.

"엄마……."

"응?"

"피곤하지?"

"아니 괜찮다."

"드릴 말씀이 있는데……."

"그래."

"엄마도 짐작하고 계시겠지만 요즘 관심 갖고 있는 곳이 있어요."

"그래."

"재작년 귀국한 후에 선불교라는 것을 알게 되었어요."

엄마는 아무 말씀이 없이 묵묵히 듣고 계신다.

"엄마한테는 일일이 말하지 못했지만 내가 하는 신앙 모습에도 회의가 일었고, 어떻게 하는 것이 바르게 믿는 것이고, 어떻게 사는 것이 옳은지 고민이 있었어요. 한동안 마음으로 방황을 하다가 그러던 중에 우연히 이 책을 접하게 되었구요."

오강남 선생님의 『예수는 없다』와 『수행은 특별한 것이 아니다』가 소품으로 등장할 시간이다. 조심스럽게 두 권을 전달하면서 말을 이어갔다.

"이 책은 우리가 잘 믿는다고 하면서 저지르고 있는 오류가 어떤 것인지, 그리고 진정한 예수님의 제자가 되기 위해서는 어떤 마음이어야 하는지 알게 해 주었어요."

잠시 둘 사이에 숨소리만 일었다.

"그러면서 한국에 선불교라는 것이 있고, 참선이라는 일종의 큐티(경건의 시간)를 통해 깊은 내면을 바라보면서 하나님의 음성을 듣는 법을 접하게 되었고요. 제 방에 있는 책들은 그와 관련된 것들이 었어요."

"예수는 없다? 이게 무슨 말이니?"

"아니 예수님을 부정하는 게 아니구요. 우리가 잘못 알고, 잘못 믿고 있는 그런 예수는 없다는 상징적인 의미에요. 이 책을 쓰신 분도 기독교 신자세요. 캐나다 리자이나대학에서 오랫동안 비교종교학을 연구하시고 강의하는 저명한 학자에요."

"그래 이 책을 보고 네가 그렇게 됐다고?"

"네, 제가 갖고 있던 막연한 의문이랑 무의식을 알게 해 주었어요. 꼭 사막 한가운데에서 어디로 가야 할지 갈피를 잡지 못하고 있을 때 위도와 경도로 내가 있는 위치를 알게 해 주고 나침반으로 어디로 향해 가야 할지 가르쳐 주는 것 같았어요."

엄마는 뒤적뒤적 책장을 넘기시면서 진지한 표정으로 내 말을 경청해 주셨다.

"엄마, 그래서 참선이라는 것을 하게 되었는데, 알고 보니 불교는 아주 훌륭한 가르침이더라고요. 우상이나 마귀 사탄이 아니라, 바른 사람이 되게 하는 유서 깊은 철학이자 보이는 세상과 보이지 않는 세상을 아울러 이해하게 하는 체계적인 과학이기도 하구요. 그래서 요즘 서구 지식인층에서는 동양의 선불교 사상을 매우 주목하고 있어요."

이 부분에서는 전달할 게 많았다.

나도 처음 알게 된 숭산 스님의 해외 가르침과 수많은 외국인 제자들 스토리며 현각 스님까지 다큐로 엮어 생방송을 이어갔다.

"그래서 절에 가 있었던 거니?"

엄마의 심장마비를 걱정했는데, 순간 내 심장이 멈췄다.

"네?"

"너 그동안 절에 있다 온 거 아니야?"

"엄마……."

말을 잃었다.

"어떻게 아셨어요?"

"그걸 왜 모르니. 네 얼굴에 다 써 있는데. 네가 뭘 원하는지."

엄마는 손가락으로 내 얼굴을 가리키고는 이마에서부터 턱 밑에까지 주욱 밑줄을 그으며 말씀하셨다.

"엄마는 그냥 읽기만 하면 돼."

"엄마……."

순간 이런 엄마에게 합장을 해야 할지 절을 올려야 할지 무릎을 꿇어야 할지 몰랐다. 그런데 이미 몸은 소파에서 내려와 무릎을 꿇고 엄마를 우러러보고 있었다. 엄마가 이때처럼 커 보인 적은 없었다. 무한한 존경심이 솟구쳐 오르고 왈칵 눈물이 났다. 역시 '엄마'는 위대하시다. 하나님은 하늘에만 계신 게 아니었다. 집안 가장 가까이서 나를 묵묵히 지켜보시고 나를 기다려 주셨던 것이다.

"고맙습니다."

그 후로 한동안 엄마는 침침한 눈을 비벼 가며 내가 건넨 자료와 책들을 하나도 빼먹지 않고 읽으셨다. 가끔은 끄덕끄덕 머리를 조아리기도 하고, 어떤 곳은 밑줄을 치기도 하고, 어떤 페이지는 접어 놓고 나중에 내게 묻기도 하셨다. 이해가 안 되는 부분은 그냥 넘기지 않으시고 꼼꼼히 물어 봐 주셨다. 엄마의 이런 노력이 내겐 그대로 감동이고, 감격이었다. 수행 덕분에 나는 엄마를 더욱 사랑하고 존경하게 되었다.

마음먹고 시작한 공부이니 조금 더 해 보고 싶다는 요청도 넉넉하게 허락해 주셨다. 그해 겨울 서울 화계사 국제선원에서 하는 동안거를 위해 엄마는 '장학금'까지 희捨(희사)해 주셨다.

"네가 그토록 해 보고 싶은 공부라니 이번에는 엄마가 학비를 주마."

"네?"

"비용이 얼마나 드는 거니? 먹는 건 제대로 나오는 거고? 도쿄에서 공부할 때는 엄마아빠가 아무런 도움을 주지 못했으니 이번에는 꼭 엄마가 해 주고 싶구나."

나는 이런 엄마 딸로 태어난 게 자랑스러워 견딜 수가 없었다. 4대 일간지, 아니 대표로 'ㅈ'으로 시작하는 신문은 뺀다. 한겨레, 프레시안, 오마이뉴스, 딴지일보 그리고 해외토픽으로 아사히, 마이니치 신문에도 올리고 싶었다. 이렇게 멋진 부모님을 둔 나는 행운아임에 틀림없다.

성, 유 자, 영 자.

정, 길 자, 순 자.

나는 이분들께 마음으로 삼천 배를 올렸다.

"엄마, 그리고 아빠, 사랑합니다. 건강하게 오래오래 곁을 지켜 주십시오."

동안거와 삼위일체

이제 더 이상 숨어서 하는 수행이 아니다. 권사님의 후원으로 절에서 공부를 할 수 있게 되다니, 상상도 못했던 일이 엄연한 현실이 되어 펼쳐지고 있었다. 보면서도 믿기 어려운 기적 같은 일이다. 지성至誠하니 하늘도 가만히 있을 수만은 없으셨나 보다. 감천感天해 주셨다.

반년을 대전에 있는 무상사에서 보내고 올라온 내게 던진 현각 스님의 첫 마디는 "동안거 해야지!"였다. 6개월을 하고도 가시지 않은 은근한 수행 욕심을 놓치지 않으셨다. 그래 딱 한 숟가락만 더 뜨자. 어차피 일까지 접고 시작한 일이었다. 이런 기회에 안거의 진수라는 동안거를 놓치면 평생 후회할 것 같았다. 대신 다짐을 했다. 동안거로 수행의 계절을 마무리하는 것이다. 또 다른 다짐도 있었다. 절대 딴 생각은 하지 않기. 행여라도 삭발하겠다고 나서는 그런 '엄한 일'은 절대 하지 않기! '그럼 당연하고 말고.' 마음으로 도리질을 치면서 다짐에 다짐을 거듭했다. 동안거만 하고 직장으로 돌아가는 거다.

이번에는 많은 게 달랐다. 당당히 부모님의 허락과 지원을 받을 수 있었으며, 스승님은 안거 기간 중에 혼자 쓸 수 있는 조용한 방을 마련해 주셨다. 수행에 집중하라는 당부 말씀을 남기시고 당신은 수덕사 정혜사 선방에 방부를 들이셨다. 나는 그렇게 마지막이 될 집중 수행에 온 정성과 뜻을 다하겠다는 각오로 집을 나섰다. 화계사 국제선원에 동안거 입방을 신청하고 음력 10월 보름에 청량골을 곧추세워 다시 좌복에 앉았다. 모든 게 완벽했다.

지난 하안거가 참선이라는 방편을 만나는 시간이었다면, 동안거는 참선하는 주인공인 나를 만나는 시간이 되어야 했다. 더 이상 시간이 없다는 간절함으로 매일 새벽을 깨우고 좌복을 지켰다. 특별한 진전 없이 잠자리에 들어야 하는 밤이 되면 하루를 허송세월했다는 안타까움에 억울하고 잠도 오질 않았다. 잠자는 시간이 죄스럽고 아까운 날들이 이어졌다.

묵언하며 면벽하는 시간은 흐르지 않고 어디론가 줄줄 새는 듯했다. 아침이구나 하고 앉아 있으면 어느새 저녁이고, 금세 방선죽비●

● 끝을 알리는 죽비소리. 시작과 끝은 세 번을 치고, 중간에 쉬는 시간을 알릴 때는 두 번 소리를 낸다.

가 울리며 누워야 하는 밤이 되곤 했다. 더 이상 다른 곳을 기웃거릴 시간은 없다. 어찌하든지 좌복 위에서 과제를 풀고 답을 얻어야 한다는 절대적 필요가 지극함으로 마음을 다잡게 했다.

어느덧 연말이 되고 세상은 망년회다 성탄절이다 시끌벅적 분주할 때에 나는 '도대체 나는 누구인가', '진리는 무엇이며 자유는 어디서 오는 것인가'를 물고 늘어졌다. 다른 생각은 끼어들 여지가 없었다. 묻고 묻고 또 묻고, 찾고 찾고 또 찾았다. 화두로 문을 두드리는 날들을 반복하며 한해를 보내고 새해를 맞았다.

어느 날이었다. 하루 일정을 마치는 방선죽비가 처지고 내내 앉았던 다리를 풀고 조용히 방으로 돌아왔다. '나'라는 것은 무엇으로 존재하는가. 종일 말도 없고 생각도 없이 묵혔던 '한 몸 덩어리'가 움직이고 있었다. 빈 물체인 양 방 안을 서성이다가 하루를 마감하는 의식을 하고자 옷을 벗고 샤워실로 들어갔다. 수도꼭지를 돌리니 와락 거센 물줄기가 쏟아져 나왔다. 머리와 온몸이 뜨거운 물에 젖어들어 갔다. 그 순간이었다. '내'가 보이지 않았다. 사방으로 쏟아지는 물줄기에 섞여 흩어지듯 의식이 산산이 부서지며 허공에 뒤섞여 사라지고 주위는 내가 되었다. 환상이 깨어지면서 내가 환상이 되는 순간이었다.

"아아……!"

아무것도 없고 모든 게 있었다. 부족함도 넘침도 없이 온전한 세상만이 있을 뿐이다. 더할 것도 뺄 것도 없는 완벽함이다. 이무소득

선방에서 만난 하나님

고 以無所得故라 했던가······. 이미 구족具足되어 있는 충만한 내가 허공처럼 그 자리에 있었다. 없는 내가 보였다. 무아無我의 민낯이었다.

하늘과 땅과 나라는 존재가 하나가 되었다. 삼위일체다. 존재와 존재를 둘러싼 우주를 하나로 엮는 코드가 찰칵하는 소리와 함께 선명하게 풀어지는 순간이었다. 천지만물은 나와 더불어 한 덩어리인 것이다. 이는 감추어져 있지 않은 비밀이자, 누구라도 손에 넣을 수 있는 대명천지에 드러나 있는 보물이기도 했다. 열쇠는 내 안에 있었다.

그렇다. 안팎을 가지런히 하고 앉아 있는 것은 마음에 두텁게 덮여 있던 먼지를 털어 내는 일이었다. 먼지가 털리고 나니 은처럼 빛나는 깨끗한 참나가 고스란히 모습을 드러낸 것이다. 고졸古拙한 나다.

모든 게 확연해졌다. 날 때부터 한시도 떨어지지 않고 나와 동행하셨던 '하나님'을 이제야 만난 것이다. 하나님이야말로 참나이자 전지전능하고 무소부재한 성령이자 아들 예수였다. 참으로 '나'로 말미암지 않고는 도저히 아버지께로 올 자가 없는 것이다. 진정으로 "아멘!"이 우러나왔다.

'나는 누구인가, 오직 모를 뿐'으로 닦고 닦은 날들이 드디어 빛을 보는 순간을 맞닥뜨린 것이다. 작심을 하고 임한 동안거는 내게 큰 것으로 보답해 주었다. 몸은 깃털처럼 가벼워지는 듯하고 마음에는 날개가 돋친 듯했다. 아름다운 진리와 신나는 자유가 둥지를 틀었나 보다.

그런데 문제가 생겼다. 절대로 안 된다고 '공구리'를 쳐 두었던 두 번째 다짐이 기초부터 흔들리기 시작한 것이다. 출가자의 삶……. 평생 공부하며 남과 나누는 삶이 향기로 다가오고 있었다. 오늘도 내일도 고놈의 향기는 아무데도 안 가고 빙빙 내 주위만 맴돌았다. 안거가 깊어 갈수록 향은 진하게 증폭되어 슬슬 만져지는 지경에까지 이르고 말았다. 앉으면 이제는 화두가 아닌 수행자로서의 삶을 그렸다 지웠다 하느라 여념이 없었다.

이러면 안 되는데…….

출가를 결심하다

애당초 6개월을 마음먹었던 '프로젝트'가 동안거 3개월이 추가되면서 배가 되었다. 어느새 1년이 지난 것이다. 지금까지의 삶 중에서 가장 빠르게 지나간 해였다. 면벽을 하고 종일 숨만 들이쉬고 내쉬었는데 시간은 쏜살같이 흘러갔다.

시간만 흐른 것이 아니다. 마음에 날개를 달기 위해 '잠시' 쉬었다 가고자 했던 수행 의도가 동안거를 기점으로 방향을 선회하고 있었다. 전혀 다른 성격의 프로젝트로 변모하려 하고 있었.

'평생 수행자로 살면 어떨까······.'

'구도자의 삶도 나쁘지 않잖아······.'

나 자신도 깜짝 놀랄 만한 '불온한' 생각들이 삐죽삐죽 고개를 들기 시작했다.

'말도 안 돼!'

강하게 도리질을 하면서 그럴 수 없는 현실적 이유들로 방파제를 쌓아 보았다. 예상되는 가족들의 반대와 충격. 연로하신 부모님을 위해 내 몫까지 감당해야 할 동생에 대한 미안함. 남들 따라 노후 대비용으로 마련한 아파트의 융자금 등 아무리 생각을 해도 불가능한 일이었다. 머리는 안 된다고 도리질을 치는데 마음은 왜 이러나, 점점 달구어져 갔다.

이러지도 저러지도 못한 채 속을 끓이니 잠도 오질 않고, 밥도 먹히지 않았다. 걸림 없이 자유롭게 살아 보겠다는 가벼운 소망으로 시작했던 수행이 삶을 송두리째 바꿔 놓을 중차대한 문제로 변하고 있었다. 이렇게 흐르는 내 마음을 나도 모르겠다. 위에서 아래로 흐르기 시작한 물처럼 마음은 이미 방향이 정해진 듯했다. 가시지 않는 걱정과 두려움이 문제였다.

대입을 포기했을 때도, 20대 중반에 멀쩡한 직장을 그만두고 유학을 단행했을 때도 이처럼 심하게 주저하지는 않았다. 나답지 않았다. 나답지 않아 더욱 힘이 들었다. 그날도 끙끙대는 마음을 부여잡고 어렵게 잠이 들었다. 얼마나 지났을까 갑작스런 전화 벨소리에 잠이 깼다.

"여보세요."

"여의주! 뭐하고 있는 거야? 출가해야지!"

벼락이 쳤다. 뉴욕에서 걸려 온 국제전화였다. 더듬더듬 시계를 보니 새벽 3시다. 현각 스님의 불호령이었다. 잠결에 철퇴를 얻어

맞은 듯 눈에서는 별이 반짝했다. 다시 이러지도 저러지도 못하는 답답한 심정을 부여잡고 몸을 일으켜 세웠다.

"스님……."

여의주는 하안거를 마치면서 스님이 지어 주신 법명이었다. 이어지는 스님의 목소리는 아까와는 톤이 달랐다. 이번에는 섬뜩하리만큼 차분하고 무겁게 내려앉은 음성으로 나를 깨우셨다. 그동안 지켜본 나에 대해 말씀하셨다. 수행에 임하는 자세와 스님 눈에 비춰진 나의 성향을 조목조목 정리하시더니, 날카로운 질문을 던지셨다.

"결혼하고 싶어요?"

"아니요. 진지하게 생각해 본 적 없습니다."

"그럼 출가해야지. 성소은 씨는 많은 사람들에게 좋은 영향을 줄 수 있어요. 그런 에너지가 있어요. 큰일을 해야지!"

"저도 그러고 싶어요……."

"그런데 뭘 우물쭈물하고 있나. 내일 당장 출가해요!"

다시 목소리가 바뀌었다. 가차 없는 선승의 목소리다. 스님의 빗질 때문인가 갈피를 잡지 못하고 우왕좌왕하던 마음이 순간 하나로 모아졌다. 자세를 고쳐 앉았다.

"네, 출가하겠습니다."

"멋지게 살아야지!"

영원히 잠이 달아나 버린 것 같았다. 순간 머리가 무섭게 맑아졌다. 바로 노트북을 켜고 자판을 두들겼다. 그리고 지금의 나를 써 내려갔다. 제목은 'YES, I DO!' 진정으로 내가 원하는 것이 무엇인지, 그러기 위해서 어떻게 해야 하는지가 명확해졌다. 그동안 나는 '내가 원하는 나'와 '가족이 원하는 나' 사이에서 이러지도 저러지도 못하고 전전긍긍했다. 그 매듭이 풀어지는 순간이었다.

가장 나다울 수 있는 것, 지금 당장은 이기적인 듯하나 결국에는 그것이 '남'도 돕는 일이라는 것을 믿기로 했다. 자신에게 성실한 선택이 나를 가장 아끼는 가족들에게도 기쁨이 될 것이라는 믿음을 움켜잡았다.

'그래 출가하자. 원 없이 수행해서 나뿐만 아니라 많은 사람들의 마음에도 날개를 달아 주자. 그럴 수만 있다면, 그럴 수만 있다면 이보다 더 근사한 일이 어디 있나. 공부해서 나누는 일만큼 의미 있는 일은 없는 거야.'

죽을 때 한 귀퉁이도 가져가지 못할 물질이 아닌, 정신을 맑게 하며 사는 일이야말로 진정으로 가치 있는 일 아닌가. 세상을 외면한 채 나만 고결하게 살고자 하는 것이 아니다. 상구보리 하화중생上求菩提 下化衆生이라고도 하지 않는가. 위로는 바른 진리를 찾아 깨달음을 구하고, 아래로 중생을 교화하는 자리이타自利利他의 삶을 살자. 나를 구하므로 남을 이롭게 하는 삶.

'아, 그렇게 살 수 있다면 좋겠다.'

다짐을 하고 마음을 모으고 나니 현실을 풀어 갈 용기도 생겼다. 흔들리지 말고 가장 씩씩한 모습으로, 가장 밝은 목소리로 가족에게 이해를 구하자. '믿는 자에게는 능치 못함이 없나니.' 성경은 언제나 내 편이다. 어떤 상황에서나 긍정의 말씀으로 마음을 위로해 주는 하나님이 고마웠다. 이제는 믿음을 실행에 옮겨야 할 나의 노력이 필요한 시간이다.

"꼭 그래야 하니?"

"엄마, 이것도 일종의 결혼이에요. 남자랑 하는 게 아닌 자신과 하는……. 그래서 '출가出嫁'는 아니지만 또 다른 의미의 '출가出家'라고 하잖아요. 결혼한다고 다들 행복하게 사는 것도 아니고. 요즘엔 이혼도 많고, 남편 때문에 평생 애태우고 속 끓이며 사는 여자들이 얼마나 많아요. 최소한 저는 그런 고통을 받을 일 없고, 승가僧家라는 든든한 '시댁'이 먹여 주고, 입혀 주고, 가르쳐 주고, 저는 오로지 공부만 하면 되는 거예요. 이런 천국이 어디 있어요. 그뿐인가, 집은 대궐 같은 한옥에, 음식은 화학조미료 일체 없는 초 웰빙 궁중요리(사찰음식은 정통 궁중요리를 근간으로 하고 있다)에요.

엄마, 저 잘할 수 있을 것 같아요. 공부하고 나면 공부한 만큼 세상을 위해 뭔가 제가 할 수 있는 일이 있을 것 같고, 가족들에게도 힘이 될 수 있을 것 같아요. 엄마, 나 알잖아요. 믿어 주세요."

생각나는 모든 말을 동원해 필사적으로 떼를 부렸다.

"공부하는 것까지는 좋은데 그렇게까지 고생을 사서 해야만 하는 거라니. 남들 잘 때 자지 못하고, 먹는 것 제대로 못 먹어 가면서. 유난히 고기도 좋아하는 애가……."

"해 보고 싶어요. 엄마 마음도 잘 알아요. 그런데 제가 사는 방식도 인정해 주셨으면 해요. 제발 속상해 하지 마시고, 좋은 곳으로 국비유학 가는 거라고 생각해 주세요. 실은 이건 정말 축하해 줘야 하는 일이에요."

자식 이기는 부모 없다는 말을 내가 증명하게 될 줄이야. 그렇게 억지 아닌 억지를 부려 가며 부모님과 형제들을 이해시켰다. 시간을 끌면 끌수록 내 마음도, 가족들 마음도 흔들릴 우려가 있다. 가능한 모든 절차를 짧은 기간에 마무리하고 빠른 시일 안에 집을 나서는 게 좋을 것 같았다.

정리하려고 보니 한도 끝도 없다. 우선 핸드폰을 처분했다. 이번에는 잠시 전원을 꺼 두는 것이 아니라, 나를 의미하고 나에게로 닿는 고유번호를 상실하는 것이다. 이제는 그 누구도 유선 상으로 나를 찾을 수 없다. 현대인의 정체성은 전자제품의 유무로 결정되는 것인데……. 출가가 실감되는 순간이었다.

다음으로 필요 없게 된 '반짝이'들을 가방에 넣고 종로 3가 귀금속 상점으로 갔다. 반지며 귀고리며 목걸이들, 티파니 반지가 단돈 5만 원, 미키모토 진주 귀고리가 3만 원 하는 식으로 가격이 매겨졌다. 거기에서 브랜드는 아무런 의미가 없다. 오로지 무게로 판단하고 무게로 말한다. 값진 선물에 행복해했던 지난날이 오버랩되었다. 신주단지 모시듯 애지중지해 왔던 물건인데 갑자기 혼이 빠져 나간 것 같다.

'아, 이런 평가 방법이 있구나. 사람의 영혼은 21그램이라던데······. 21그램이 빠져나간 인간은 무언가.'

엉뚱한 생각이 들었다. 무슨 깨달음이라도 얻은 듯 잠시 어안이 벙벙해졌다.

'이런 것이구나······.'

열심히 운동해 보겠다고 장만해 두었던 값비싼 등산복들, 예쁜 색동옷들은 박스로 담아 마땅한 친구에게 보내기도 하고, 쇼핑백에 담아 직접 건네기도 하면서 나름대로 비웠는데 여전히 잡다한 것들이 수북하다. 나중에 안 일이지만 소위 명품 겉옷들은 엄마가 재빠르게 미리 세탁소로 피난을 보내셨다.

삼십 년 넘게 쌓아 두기만 했던 짐들을 체를 치듯 걸러 내는 일이 나쁘지 않았다. 일상이 다이어트 되니 정신도 가뿐해지는 효과가 있었다. 내가 하는 출가는 바리바리 싸가지고 가는 출가가 아니라, 탈탈 털어 내고 빈손으로 가는 출가였다.

나의 부탁대로 출가 전야제는 '축제' 분위기로 연출됐다. 낮에는 엄마랑 단둘이 목욕탕에서 정갈하게 목욕재계를 했다. 마사지도 받게 해 주셨다. 이른 저녁에 가방을 꾸리는데 도통 챙길 게 없다. 2박 3일 여행을 가도 들고 메고 짐이 한가득인데, 돌아올 기약 없이 떠나는 여행에 넣을 물건이 없었다. 화장품도 필요 없고, 가죽가방도 필요 없고, 구두도 필요 없다. '여행'의 편견을 깨는 색다른 경험이었다.

온 가족이 둘러앉아 저녁을 먹었다. 나의 확고한 의지가 전해져서일까 모두들 '현실'을 받아들이는 분위기였다. 별나라 달나라 우주여행도 가는데 뭐가 대수냐, 체념을 했나 보다. 부모님은 물론 나를 동생으로 언니로 둔 형제들도 일단 받아들이기로 한 것 같았다. 2차는 노래방이었다. 조카들의 생기발랄한 댄스 음악, 아버지의 굵직한 '두만강 푸른 물에'를 거쳐 내 차례가 돌아왔다.

"흐르는 강물을 거꾸로 거슬러 오르는 연어들의
도무지 알 수 없는 그들만의 신비한 이유처럼
그 언제서부터인가 걸어 걸어오는 이 길……."

"쟤는 꼭 불러도 저런 노래만 부르더라."
어디선가 엄마의 푸념 섞인 말소리가 들려왔다. 그날 처음으로 가슴이 먹먹해졌다. 대답 대신 다음 소절을 더 큰 소리로 불러 드렸다.

"여러 갈래 길 중 만약에 이 길이 내가 걸어가고 있는
돌아서 갈 수밖에 없는 꼬부라진 길 일지라도
딱딱해지는 발바닥
걸어 걸어 걸어 가다보면
저 넓은 꽃밭에 누워서 난 쉴 수 있겠지
예에~."

손바닥만 한 물고기도 거센 강물을 거슬러 오르는데, 사람인 내가 못한다면 연어가 웃을 일이다. 가족이기에 어쩔 수 없이 갖게 되는 뜨거운 마음을 저마다 가슴에 숨긴 채 공식적으로 나의 송별회는 제법 유쾌하게 끝을 맺었다.

내일이면 나는 봄 여름 가을 겨울, 비가 오나 눈이 오나 새벽 3시에 모닝콜도 없이 스스로 일어날 것이다.

행자 생활

행자行者.

행자란 말 그대로 '행하는 사람'이다. 무엇을? 모든 것을 행한다. 행자가 된다는 것은 '왜'가 통하지 않는 세상, 사량思量 분별을 끊어야 하는 공간으로 들어감을 뜻한다. 속인에서 수행자의 삶으로 거듭나기 위한 인턴십이다. 대개는 출가자가 원하는 곳이나 특정인을 찾아가 그 밑에서 수련을 하게 되는 것이 일반적이다. 긴 머리와 세속 옷차림으로 들어가 은사恩師가 되어 줄 것을 청하고, 제자로 받아들여지면 기숙을 시작한다. 얼마간 지켜보다 수행자로서의 면모가 인정되면 그때 정식으로 주황색 행자복服이 제공되고 삭발이 이루어진다. 전형에서 탈락하면 머리빗을 챙겨 나와야 한다.

내 경우는 법사 스님이 비구라 나를 상좌로 받아 줄 비구니 스님이 필요했다. 현각 스님은 뉴욕에서 포교 중인 숭산 스님의 비구니 제자 분을 은사로 정해 주셨다. 한 번도 뵌 적이 없는 분이지만 숭산 대선사의 제자라는 사실 하나로 충분했다. 은사가 되신 묘지 스님도 현각 스님의 말씀만 듣고 나를 흔쾌히 상좌로 받아 주셨다. 은사란 수행을 돕는 일종의 '새 엄마' 같은 존재다. 혈연이 아닌 법연法緣으로 이어진 관계이며, 수행자의 삶으로 새로 태어남을 의미하는 것이기도 했다.

선가에 발을 들여 놓기는 국제선원을 통해서였으나 수행자가 되기 위한 훈련은 한국 전통에 따라 제대로 교육을 받는 것이 좋다고 하셨다. 그래서 나는 미국에 계신 은사 스님 슬하가 아닌 '위탁 행자'가 되어 대구에서 행자 생활을 하게 되었다. 서울에서 태어나 그 흔한 시골 친척도 하나 없는 순수 도시녀였던 나다. 성장한 뒤에는 주로 일본 열도가 본거지가 되면서 한국과는 인연이 다한 줄 알았다. 경상도는커녕 인천도 제대로 가 본 적 없는 어설픈 한국 사람이 오렌지색 행자복을 입고 경상도에서 살게 될 줄이야……. 예측할 수 없이 전개되는 삶의 비밀이 흥미진진했다.

부도암이라는 곳의 위탁 행자가 되었다. 부도암은 대한불교조계종 제9교구 본사인 동화사의 말사이다. 팔공산 동화사에서 계곡을 끼고 잠시 위쪽으로 오르면 정갈한 암자를 만나게 된다. 사미니(비구니 학승)를 위한 기초선원이다. 기초선원이란 경전을 주로 하는 전통강원(승가대학)과 대비되는 교육과정으로 4년제 참선대학이다. 엄격한 규율로 정평이 나있는 강원講院에 비해 선禪처럼 형식보다 본질을 갈고 닦는 곳이다. 그렇다 보니 현실적으로도 강원 교육보다 분위기가 훨씬 '느긋'하다. 선방에 들어가 함께 좌선할 수 있는 신분은 아니지만 기초선원이 있고, 참선을 하는 스님들이 모이는 장소라는 사실이 가슴을 설레게 했다.

출가가 정신적인 결단을 요구하는 것이라면, 실제로 행자가 된다는 것은 육체적 결단을 필요로 하는 것이었다. 말로만 듣던 그 혹독한 행자 생활을 과연 내가 해낼 수 있을까. 시간적 공간적 제약으로 보면 관타나모 수용소와 다를 바 없다. 내가 내 몸의 주인이 될 수 없는 기간이다. 하고 싶은 것을 마음대로 하지 못하고, 쉬고 싶을 때 마음대로 쉬지 못하는 것은 기본이다. 삼복더위건 엄동설한이건 관계없이 경내의 온갖 궂은일은 행자 몫이다. 좋게 말하면 무료 자원봉사자이며, 있는 그대로 표현하면 '노예'다. 자발적인 노예, 기쁨으로 솔선하는 노예, 그것이 행자의 생활이다.

나는 어떤 사람이었나. 지금까지 싱글이라는 이유도 있었지만 살아오면서 가사노동 분야, 특히 주방과는 인연이 없었다. 라면 삶기 이상의 요리는 해 본 적이 없고, 사과 깎는 것 외에는 칼을 들어 본 적이 없으며, 아는 야채라고는 콩나물과 시금치 정도가 전부였다. 이를 어쩌나. 이런 내가 행자 생활을 어떻게 해낼 수 있을지, 과연 내 몸은 감당해 낼 수 있을지 정녕 나도 알 수가 없었다. 어쩌다 하루씩 삼천 배를 하는 것과는 차원이 다르다. 6개월, 240일 동안 지속적으로 상상을 초월하는 육체노동을 감당해 내야 한다는 절체절

명의 현실을 맞닥뜨렸다.

　무지한 데다 튼튼한 몸도 아니라서 도저히 이를 자신할 수 없었다. 설마 죽기야 할까. 솔직히 이런 심경이었다. '어디, 갈 데까지 가 보자. 죽기 아니면 까무러치기지. 어떻게든 될 거야'라는 비장한 각오로 부도암 마당을 밟았다.

　주지 스님과 입승 스님, 그리고 기초선원에 학승으로 오신 사미니 스님들이 여럿 계셨다. 맘껏 부릴 수 있는 행자가 들어오니 모두들 반기는 분위기였다. 진정으로 나는 '이상한 나라의 앨리스'가 된 것이다. 암자 살림을 하시는 주지 스님이나 선방에서 학생들을 지도하는 입승 스님 등 어른 스님들은 '입학 전' 사전 협의를 통해 나에 대한 기본 정보는 알고 계시는 눈치였다.

　"공부도 할 만큼 하고 교회도 열심히 다니던 사람이 어찌 이리 대견한 생각을 했을꼬. 잘 왔어요. 삭발하면 더 이쁘겠네."

　"아, 네……. 잘 가르쳐 주십시오."

　더없이 따뜻하고 친절하게 맞아 주셨다. 행자는 팥쥐처럼 눈치 보며 죽어라 일만 해야 하는 신분인 줄 알았는데 사뭇 달랐다. 깔끔한 방도 하나 내어 주시고, 공부할 때 쓰라고 공책도 하나 주셨다. 낯설었지만 낯선 만큼이나 신기하고 재미있었다.

　나의 행자 생활을 빛나게 해 준 것은 기초선원에 계시는 사미니 스님들이었다. 서울 사람, 경상도 사람, 전라도 사람, 전국 방방곡

곡에서 모여 다채롭다. 출신은 물론 연령도 제각각, 학력도 따로따로, 배경도 다양하다. 평이하고 단조로운 일상에 어느 날 이름 모를 행자가 나타났으니 이분들에게는 적잖은 재밋거리가 생긴 것이다. 호기심 가득 찬 눈빛과 일거수일투족을 요리조리 관찰하는 눈초리가 여실히 느껴졌다. 새벽부터 잠자리에 들 때까지 나는 셀 수 없는 레이더망에서 자유로울 수 없었다.

"행자님, 설거지 안 해 봤지요?"

"아, 네……?"

"그렇게 하면 힘만 들어요. 그릇 한두 개 닦는 게 아니고 절집처럼 한꺼번에 많은 그릇을 씻으려면 이렇게 하는 게 편해요. 함 잘 봐요. 행자님과 어디가 다른지."

"아, 정말 쉽게 빨리하시네요. 알았다!"

절집 공양간에서 칼을 쥐는 것은 상당한 지위를 뜻하는 것이었다. 특히 각을 잡아 깔끔하게 김치를 잘라 담아내는 일은 상급 중에서도 상급의 소임이었다. 덕분에 나는 수저만 만졌다.

어느 날 다 같이 모여 가래떡을 썰며 행사를 준비하는 와중이었다. 워낙에 많은 분량이라 내게도 '칼'이 왔다. 딱딱한 가래떡을 어슷썰기로 가지런히 예쁘게 빨리 잘라야 하는 과제에 봉착한 것이다.

'하필 가래떡이라니…….'

고등학교 다닐 때 엄마를 돕는다고 구정에 가래떡을 자르다가 손을 잘라 일손을 돕기는커녕 다 팽개치고 병원을 찾아야 했던 일이 있었다. 그때의 훈장이 아직도 남아 있다. 가지런히 예쁘게는 되는데 아무래도 '빨리'는 곤란했다. 또다시 손을 쓸 수는 없는 일. 언제부터 보고 있었는지 속 깊은 설경 스님이 내 곁으로 오시더니, 슬쩍 어깨를 밀어내며 속삭이신다.

"행자님, 이건 내가 할게요. 야채 다듬는 거 도와주세요."

"아니 저도 할 수 있는데……."

"괜찮아요. 손 다칠까 봐 내가 불안해서 안 되겠어요."

"아이 참. 알았어요. 고마워요."

그 뒤로 설경 스님은 가장 든든한 조력자가 되었다. 같은 나이인데도 어찌 그렇게 어른스럽고 아는 게 많은지 나는 그저 '기쁨조'가 되면 되었다. 어른 스님들 몰래 콧바람을 쐬어 주겠다며 영화 구경을 시켜 주었던 용화 스님, 쌀쌀맞은 듯하면서 누구 못지않게 따뜻한 손길로 도움을 주었던 자성 스님, 차분한 눈빛으로 알 듯 모를 듯 마음을 챙겨 주고 차담을 함께했던 서경 스님. 나의 출가에 향기를 더해 준 꽃 같은 분들이다.

6개월간의 행자 생활 동안 내가 한 일이라고는 조석 예불 시간에 혼자 법당에서 예불한 것, 하루 세끼 밥상을 차리며 주인을 찾아 순가락과 젓가락을 반듯하게 놓은 것, 그리고 나머지 시간에 오로지 책을 읽은 것이었다.

입승 스님의 처소는 내 도서관이었다. 참선하다 발심해 출가를 하긴 했지만 나는 불교에 대해서 무지했다. 부처님이 언제 났으며, 제자는 몇 명이나 두었는지, 경전은 어떤 것들이 있는지 아는 게 없었다. 기역니은부터 배워야 하는 유치원생에 다름 아니었다. 그런 줄 아시고 입승 스님이 도움 될 만한 책을 한두 권 빌려 주신 것이 시초가 되어 아예 고정 일과가 되었다. 나는 새로운 가르침, 새로운 이야기를 알아 가는 즐거움에 흠뻑 빠졌다.

기초 소양인 초발심자경문初發心自警文부터 시작해 화엄경華嚴經, 열반경涅槃經, 채근담菜根譚, 조사어록祖師語錄 등 닥치는 대로 읽고 또 읽었다. 매일 새로운 세상이었다.

'세상에, 이런 세상이 있었다니……'

어떨 때는 감격해 혼자 눈물을 흘리기도 하고, 일기를 쓰기도 했다. 주체하지 못할 때는 산책을 나갔다. 세차게 내려오는 계곡 물소리를 듣다 보면 기쁘기도 하고 슬프기도 했다. 이런 체험을 하고, 이런 정서를 맛볼 수 있게 된 것이 말할 수 없이 기뻤고, 나누지 못하는 가족들 생각에 슬펐다. 앞으로 해야 할 일이 많다고 마음을 다독이며 충만한 가슴을 쓸어내렸다.

그렇게 각오에 각오를 거듭한 육체적 고통에 대한 염려는 기우로 끝났다. 나의 행자 생활은 지극히 평화롭고 아카데믹했다. 이런 조치를 취하신 분이 예수님인지 부처님인지 모르겠지만 무식한 발심 출가자에게 허락된 현실은 놀라울 만큼 은혜로 가득했다. 노동보다 앎이 우선이라 여기셨나 보다. 맘껏 익히고 느끼면서 발심에 재발심으로 마음을 공고히 할 수 있었다.

　이런 나를 언제부터인가 주지 스님은 '황제 행자'라고 놀리셨다. 주지 스님도 부엌일보다는 종무소 행정업무로 나를 부르셨고, 입승 스님은 가르치는 재미에 빠지셨다. 한번 불려 가면 적어도 두 시간씩 차를 마시며 꼼짝없이 입승 스님의 이야기를 들어야 하는 고충만 빼면 천국이었다. 입승 스님께 잡혀 있는 시간이 길어지다 보니 주지 스님은 대놓고 불편해하시기도 했다. 당신보다 상판 스님이 '별도 관리하는' 행자에 대한 불편한 심기를 여과 없이 드러내셨다. 덕분에 나는 유일한 외식 메뉴인 냉면 회동에서 제외되곤 했다. 주지 스님의 잔인한 보복이었다.

　'무슨 황제가 냉면도 못 얻어먹나!'

　치사하게 먹는 걸로 구박하는 주지 스님이 얄미웠지만, 이것도 행자이기에 가능한 경험이었다. 무엇 하나 소중하지 않은 것이 없었다. 국방부 시계가 쉬지 않듯이 부도암 시계도 쉬지 않았다. 젓가락 셀 날도 머지않았다.

\#7

스님
광우

삭발하는 날

새벽에 일어나 밖에 나와 보니 흰 눈이 쌓여 있었다. 온 천지가 새하얗다. 오늘은 나의 삭발식이 거행되는 날이다. 하늘이 기억하시고 깜짝 선물을 주셨다. 덩달아 기분도 하얘졌다. 고은 시인의 시가 생각났다. "함박눈이 내립니다. 함박눈이 내립니다. 모두 무죄입니다." 흰 눈이 내려 모두 무죄가 되는 고결한 세상을 보는 것 같았다. 하늘이 지금까지 저지른 내 허물과 죄를 새하얀 눈으로 씻겨 주시고 용서를 베풀어 주시는가 보다.

"감사합니다."

삭발식은 선방에서 이루어졌다. 수좌들을 위한 청정한 공간, 드디어 선방에 발을 들여 놓게 된 것이다. 정갈한 새 행자복에 동방을 갖춰 입고 선방에 들어서니 기초선원 스님들이 모두 가사 장삼을 수하고 둘러앉아 계셨다. 한복으로 말하면 고의에 저고리, 마고자, 도포를 갖춰 입은 것이며, 양장으로는 턱시도에 나비넥타이를 맨, 최고로 예를 갖춘 복장이다. 숨소리도 들리지 않는 장중한 분위기에 가슴이 울컥했다. 성장을 하신 스님들의 위엄을 병풍으로 내 자리는 한가운데 마련되어 있었다.

"삭발식을 거행하겠습니다."

입승 스님의 '선언'에 이어 곧바로 의식이 시작되었다.

"행자님은 먼저 부처님이 계신 어간을 향해 삼배를 올리세요."

"다음은 스님들을 향해 삼배 합니다."

"마지막으로 부모님에게 삼배를 올립니다."

삼배씩 세 번 절을 올렸다. 일 배 일 배 지극한 마음으로 절을 했다. 출가가 실감되는 순간이었다. 삭발을 한다는 것은 외형적으로나 내면적으로나 대단히 상징적인 의식이 아닐 수 없다. 세속에서도 단호한 의지를 표명할 때 삭발을 단행하는 것을 보게 된다. 절연한 각오의 표현이다.

불가에서는 쉼 없이 자라는 검은 머리카락을 망상초라고 한다. 그러므로 삭발은 머리를 밀어내듯 끊임없이 자라나는 생각의 잡초를 끊어 내는 것을 의미한다. 그리고 수시로 벌거벗은 머리를 매만지며 수행자로서의 초심을 회복하는 계기로 삼아야 한다.

사전 의식이 끝나고 드디어 삭발 순서다. 집전할 스님들이 앞으로 나오셨다. 내가 앉은 자리 옆으로 널따란 흰 종이가 깔리고 모두가 지켜보는 가운데 엄숙하게 삭발이 시작되었다. 큰스님이 새끼손가락 굵기로 머리를 잘라 내면 다른 스님이 받아 정연하게 흰 종이 위에 내려놓았다. 나에게서 떨어져 나온 검은 머리카락들이 바닥에 줄지어 누워 있었다.

공동묘지에 가지런히 세워진 비석 같기도 했고, 추수를 끝낸 가을 들판의 볏단 같기도 했다. 한 옴큼씩 머리털이 떨어져 나가자 하얗게 드러난 두피에서 찬 기운이 느껴졌다. 부모님께 삼배를 올리며 뜨거워졌던 가슴이 고스란히 차갑게 가라앉고, 정신은 허리를 곧추세우듯 오롯해져 갔다.

"와!"

삭발이 끝나고 하얀 두상이 드러나자 둘러앉은 스님들이 약속이라도 한 듯 함성을 질렀다.

"천상 스님이네요."

"텐진 빠모 같아요."

스님

광우

● 텐진 빠모(Tenzin Palmo)는 1943년 영국 런던에서 태어났다. 스무 살 때 내면의 소리를 좇아 인도를 찾았고 그곳에서 영적 스승 캄트룰 린포체(Khamtrul Rinpoche)를 만났다. 서구 여성으로는 최초로 금녀의 티베트 수도원에 발을 들여놓았다. 극심한 차별을 경험한 후 반드시 여성의 몸으로 완전한 깨달음을 이루겠다는 서원을 세우고, 인도 최북단에 있는 '타율곰파(선택된 장소라는 뜻의 티베트어)'로 떠났다. 12년간의 동굴 수행을 포함해 총 18년 동안 은거 수행을 했다. 외부 세계와 철저히 단절된 좁은 동굴 속에서 궁핍과 금욕, 고독을 견디며 여성에 대한 편견의 벽을 넘어 티베트 여성의 계보를 잇는 영적 스승이 되었다. 그녀의 삶과 수행을 담은 책으로 『나는 여성의 몸으로 붓다가 되리라』(비키 맥켄지 지음, 세등 옮김, 김영사, 2003.)가 있다.

저마다 한마디씩 축언인지 아닌지 모를 아리송한 축하를 해 주었다.

신속하게 보송보송한 털모자를 선물해 주시는 스님도 계셨다.

"정수리로 찬바람 들면 큰일이니 법당에 들 때 말고는 항상 모자를 써야 해요. 명심하세요."

생판 남들이 모여 사는 승가에 이는 묘한 가족적 분위기가 뭉클했다. 수행 공동체에는 혈연의 끈끈함과는 다른 단호하면서 묵직한 정이 있다. 웅장한 전통 한옥 대웅전보다도, 정갈한 발우 그릇보다도 수행자의 그런 깊은 마음새, 질척거리지 않으나 있는 듯 없는 듯 빈틈을 채워 주는 배려가 옷매무새를 바로 하게 했다.

삭발을 하고 나니 마음도 새로워졌다. 어찌 보면 지극히 형식적인 행위에 지나지 않을 수 있으나, '비우고 내려놓음'을 관념이 아닌 실존으로 받아들이게 하는 강력한 방편임에 틀림없었다. 이렇듯 단호하고 아름다운 상징적 전통을 발현하고 지켜 온 승가에 대한 경외심이 일었다.

매일 갈아입어야 할 의상에서 자유로워지더니 이제는 헤어스타일에서도 자유로워졌다. 대단한 진보다. 이렇게 하나씩 간소화하다 보면 언젠가는 '소원성취'하는 날도 있겠지. 그물에 걸리지 않는 바람같이, 소리에 놀라지 않는 사자같이, 진흙에 물들지 않는 연꽃같이, 그런 마음을 갖게 되리라 다짐해 본다.

솜씨 좋은 미용사를 찾아 강남과 강북을 오가며 머리를 했던 세월들, 매일 감고 말리고 묶으며 공을 들였던 시간들, 머리 모양새에 따라 기분이 들썩대던 수많은 아침들이 주마등처럼 스쳐갔다. 머리가 우상이 됐던 날들이 얼마나 많았나. 교회 가는 주일 아침이면 더 예민하곤 했다. 본말이 전도된 삶이었다.

  삭발하는 날, 나는 까만 머리를 여의고 눈처럼 하얀 마음을 거두었다.

미국행, 숭산 대선사의 자취를 찾아서

스님이 되려면 최소 6개월 이상 행자 기간을 거친 뒤 종단에서 주관하는 공식 행자 교육과정을 수료해야 정식으로 수계를 받을 수 있다. 2006년 9월 말 전국에 있던 남 행자, 여 행자들이 김천 직지사에 모였다. 신병처럼 바짝 군기가 든 채로 2주 동안 기초 교리와 사미(사미니) 율의律儀, 수행자로서의 기본 습의習儀, 의식을 미리 배워 익힘 등을 교육받는다.

삼보일배와 철야 삼천 배, 필기시험인 5급 승가고시, 신체검사가 포함되어 있다. 하나라도 부적격 판정을 받게 되면 다음을 기약해야 한다. 속가로 가거나 다시 행자가 되는 것이다. 그뿐이 아니다. 사지가 온전해야 하며 몸에 문신이 있어도 안 된다.

실제로 함께 교육을 받은 사람 가운데 마지막 날 삼천 배를 완주하지 못해 계를 받지 못하고 탈락된 경우가 있었다. 과거에는 문신이 있어 본국으로 돌아가야 했던 외국인, 행자 교육 기간 중에 남녀 행자가 의기투합해 결혼으로 골인하는 사례도 있었다고 한다. 재미난 인연이다. 한때나마 출가할 마음을 내었던 진지한 수행자 커플이니 오죽 잘 살 것인가. 그것도 바람직한 일이라는 생각에 웃음이 나왔다.

높은 파란 하늘 아래서 말이 살찌는 계절, 나는 스님이 되었다. 새로 태어난 것이다. 출가 전은 전생이 되고, 승려로 옷을 갈아입은 지금이 이생이 된다. 먹고 입고 자고 느끼고 행하는 모든 것들이 다른 세상이니 전생과 이생으로 구분 짓는 것도 과하지 않다. 이름도 새것이다. 은사 스님은 빛 광光에 우주 우宇 자를 넣어 법명을 지어 주셨다. 우주의 빛이라……. 큰 이름이라 움찔했고 센 어감에 쭈뼛 했다. 그다지 마음에 들지 않았다는 얘기다. 시간이 지나면 적당한 시기에 법명을 바꾸기도 한다니 '그날'을 기약하며 당분간 인내하기로 했다.

"광우 스님, 축하해요!"

오렌지색 행자복을 벗고 동정과 소매에 갈색 띠가 둘러진 사미니복을 입고 나타나니 국제선원의 모든 가족들이 축하해 주었다. 이 날을 얼마나 기다렸던가. 신새벽에 눈을 부비며 내비게이션의 안내를 따라 처음 화계사를 찾았던 날이 엊그제 같은데, 이제 '스님'이 되어 있었다. 온갖 이유를 들이대며 귀국 명분을 급조해 한국에 들어온 것이 이렇게 '다시 태어나기' 위한 것이었나.

가끔 하나님의 뜻을 알 수 없을 때가 있다. 고통인 듯한데 감사의 조건이 되고 분명히 화禍였는데 복福이 되어 돌아오는 경우가 있다. 좋은 것이 좋은 것이 아니며 나쁜 것이 나쁜 것이 아니라는 지혜, 순경이라고 자만하지 말고 역경이라고 낙심하지 말라는 가르침을 주시기 위한 특별 학습이라 믿는다.

생각할수록 놀랍기만 한 '서프라이즈 교육 프로그램'에서 하나님의 깊은 사랑과 유머를 본다. 이성을 초월해 기대 이상의 것으로 채우시는 분이니 더 무슨 말이 필요한가. '그분'이 하시는 일은 한 치의 오차도 있을 수 없으니 일체를 받아들이고 순응할 수밖에……. 이생과 전생을 오가는 것 또한 예외가 될 수 없다.

단기간에 이렇게까지 변화할 수 있었던 것은 많은 사람들의 도움이 있었기 때문이다. 재가자로 수행하며 신세를 졌던 서울 화계사와 대전 무상사에 계신 대중에게 차례차례 인사를 드렸다.

여법如法하게 사미니 복을 갖춰 입고 제일 먼저 찾은 곳은 화계사였다.

"광우 스님, 어서 와요!"

현각 스님은 우렁찬 음성과 환한 미소로 갓 태어난 '새 중'을 맞아 주셨다. 더 이상 성소은 씨, 여의주가 아니었다. 스승과 제자이자, 같은 출가 수행자로서 동지가 된 것이다. 스님께는 말로 다할 수 없는 고마움을 느꼈다. 내게 달을 보게 해 주셨고, 강을 건널 수 있도록 뗏목이 되어 주셨다. 베풀어 주신 가르침에 감사할 따름이다.

지심귀명례至心歸命禮. 지극한 마음으로 합장을 하고 삼배를 올렸다.
"스님, 감사합니다."
"아주 잘 했어요. 광우 스님이 자랑스러워요. 하나님이 당신을 위해 큰일을 예비하고 있습니다."
기독교 전통을 공유하고 있는 현각 스님과의 대화에서는 자연스럽게 성경 말씀이 인용되었다. 너무 잘 알고 있는 말씀이기에 두 마디가 필요 없다. 은혜로울 뿐이다. 하나님도 예수님도 단골로 출연하신다. 선 수행의 초월적 이해에 '경계'란 있을 수 없기 때문이다.

미국으로 건너가 뉴욕에 계신 은사 스님을 찾았다. 한 번도 뵌 적 없는데 행자 기간에 편안히 지낼 수 있도록 물심양면으로 후원을 아끼지 않으셨다. 부도암에서 위탁 행자로 있을 때는 은사 스님이 인사 차 대중스님들에게 선물을 보내주셨다. 미국에서 날아온 영양제와 자유의 여신상이 프린트된 뉴욕발 볼펜은 대환영을 받았다.
묘지 스님은 대장부 같은 분이셨다. 웬만한 비구보다도 통이 크고 호방하신 성격인 듯했다. 오로지 숭산 큰스님의 법을 듣고 출가해, 미국을 본거지로 현지에서만 포교를 계속해 오고 계셨다. 한국의 비구니 스님들과의 '전혀' 다른 스타일이셨다. 한국 비구니 절은 층층시하의 위계질서로 유명하다. 은사 스님은 물론 그 위로 옆으로 아래로 줄줄이 이어지는 법연의 그물망이 촘촘하게 얽어져 있다. 많은 제약이 있음을 뜻한다.

그러나 우리 은사 스님은 정반대셨다. 아메리칸 스타일이다. 당신 일은 당신이 하시고, 내 일은 내가 하자는 주관이 뚜렷하셨다. 딱 내 스타일이다. 믿고 방목이다. 수행은 어차피 각자의 몫인 것이니 알아서 열심히 잘할 것. 이게 은사 스님이 전하시는 메시지의 알파요 오메가다. 처음 만난 은사와 상좌는 뉴욕 92번가에서 샌드위치와 모닝커피로 아침을 하고 센트럴파크를 산책하며 거듭난 생을 만끽했다.

"부모님을 떠나 공부하겠다고 출가했는데 내 밥 같은 거나 챙기며 시간을 낭비하면 안 돼요. 내 옆에 있어도 배울 게 없으니 미국에 있는 동안은 프로비던스랑 보스턴에 있는 선원에 가서 수행을 해요. 대선사님 흔적도 보고."

"네, 잘 알겠습니다."

익히 들은 바가 있는 분이었지만 그 이상이었다. 서울에서 묘지 스님이 은사 스님이 되었다고 하면 어떤 분은 고개를 갸우뚱하시고, 어떤 분은 잘 맞을 거라는 반응이었다. 그 이유를 알 수 있을 것 같았다. 독립적이고 개성 강하신 은사 스님의 배려로 꿈에 그리던 숭산 큰스님의 발자취를 찾을 수 있었다.

로드아일랜드에 있는 프로비던스 젠 센터Providence Zen Center, PZC는 숭산 스님이 할렘가에 있는 세탁소에서 일하며 포교의 터전을 마련하신 곳이다. 오랜 법랍으로 국내 승가에서 누릴 수 있는 모든 기득권을 미련 없이 포기하고, 40여 년 전 바랑에 포교의 꿈을 하나 넣은 채 미국으로 가셨다. 토플이나 토익 같은 공인된 영어 실력이 없는 것은 물론이다. 하지만 거칠 것이 있을 리 없다.

선승답게 주저 없이 가셔서 말(경전)이 필요 없는 별도의 격_格으로 전하셨다. 교외별전_{敎外別傳}이다. 말로서 전할 수 없으니 이심전심_{以心傳心}이다. 능통한 영어를 요하지 않는 가르침이기에 '통'하셨고 열반에 드신 지금도 수많은 서양인 제자와 해외 선원이 살아 움직이고 있다. 프로비던스 젠 센터는 100여 개에 이르는 전 세계 관음 스쿨의 본부로 자리매김하고 있다.

큰스님의 열정이 계승되어 젠 센터는 활발하게 운영되고 있었다. 미국인 제자들의 자발적인 기금으로 마련된 PZC는 엄청난 부지와 훌륭한 시설을 갖추고 있었다. 크고 작은 선방에, 영화도 보고 컴퓨터도 사용할 수 있는 휴게실, 작은 도서관, 베이글과 블루치즈, 파스타, 신라면, 현미가 갖추어진 주방, 공원 같은 정원 등 이상적인 수행처의 면모를 자랑하고 있었다.

나머지 공간은 일반인을 위한 주거 공간이다. 월세를 지불하며 선원에서 생활하는 '임대인'들을 위한 원룸이다. 이곳에 머무는 이들은 학교에 다니고 출근하는 보통 사람들이다. 다만 집을 선원으로 택한 것뿐이다. 선원은 운영자금이 확보되니 좋고, 거주자는 일상과 수행을 함께할 수 있으니 좋다. 아침과 저녁 지정된 참선시간을 제외하면 대부분 자유롭다. 수행과 일상이 조화롭게 공존하는 라이프스타일이 매우 인상적이었다. 자연스럽게 삶과 수행이 하나로 어우러져 있는 모습을 보면서 이 같은 유연한 사고가 참 좋고 부럽다는 생각을 가늘 수 없었다.

브라운대학에 다니던 여학생, 은행에 근무하는 샘 등, 여기 사는 거주자들에게 수행은 그저 일상일 뿐이다. 학교에서 하는 공부나 직장에서 하는 일, 체육관에서 하는 운동과 다를 게 없다. 각자의 삶을 윤택하고 건강하게 유지하기 위한 '당연한' 일과이다. 때로는 같이 때로는 따로 모이고 흩어지며 자연스럽게 공동체를 이루며 함께 산다. 누가 누구에게 강요하거나 불평할 일도 없다. 기본적인 것은 상식과 최소한의 규칙이면 충분하다.

거주자들 외에도 주중과 주말에 있는 다양한 수행 프로그램에 일시적으로 참여하는 참가자들이 끊임없이 선원을 오간다. 요일마다 아침 점심 저녁 식사 테이블을 함께하는 사람들의 얼굴이 바뀌곤 한다. 그래도 낯설지가 않다. '수행'을 위해 모였다는 공통점이 있기에 모두들 반갑게 인사한다. 어디서 왔는지, 얼마나 수행을 했는지, 무슨 일을 하는지 등 이야기를 나누며 도반으로서의 관심을 적극적으로 표현한다.

그중에는 수십 년 전부터 숭산 스님의 법문을 들어오며 함께 선원을 일구신 분도 있었고, 출가해 스님이 된 사람, 재가자로서 법사가 되어 참선 지도자로 활동하는 사람 등 프로비던스의 역사만큼이나 사람들도 다양한 연령과 배경을 지니고 있었다. 동양에서 온 키 작은 선사에 대한 그들의 열정은 실로 대단해 보였다. 한국어로 '대

'선사님, 대선사님'이라고 부르며 숭산 스님을 기억하며 자신들의 수행 경험과 추억을 들려주었다.

한 명의 수행자가 남기고 간 이 엄청난 '하모니'를 어떻게 설명할 수 있을까? 많은 생각을 했다. 국경과 인종을 초월해 이루어 놓으신 조화와 깊은 감동은 승려와 재가자를 떠나 '수행'의 본래 의미를 다시 확인하게 하는 계기가 되었다.

정말 이것이 '우상'인가? 정직하게 나를 대면하고 스스로를 이해함으로써 힘 있고 건강한 삶을 살고자 하는 노력이 무슨 잘못이란 말인가? 예수님이 가신 길이기도 하다. 믿는다고는 하면서 참 제자 되는 길을 포기하고 '불신 지옥'을 연발하는 한국 교회의 유아적 모습이 겹쳤다. 서구의 지식층에게 이렇게 추앙받는 숭산 스님도 한국에 오시면 바로 '불신자'로 낙인이 찍힘과 동시에 지탄의 대상으로 전락하는 것이 한국의 현실이기 때문이다. 부끄럽고 안타깝다.

지금이라도 눈을 크게 뜨고, 무릎 꿇고 성경을 다시 읽어 봐야 한다. 자신의 생각을 내려놓고 조용히 하나님의 음성을 들을 수 있으면 좋겠다. 그리고 예수님이 어떻게 행하셨는지 떠올려 보면 어떨까. '믿지 않는 자', '창녀', '세리', 심지어 '자신에게 못질하는 자들'에게 어떻게 하셨는지를 묵상하면 답을 찾을 수 있을 것이다. '예수 천국, 불신 지옥'이라는, 예수님도 민망하게 만드는 푯말을 내려놓고, '예수님이라면 어떻게 했을까'라는 푯말을 들 수 있으면 좋겠다. 예수님의 제자라면, 예수님을 믿는 성도라면 그래야 하는 게 옳다. 아니면 제발 남 상관 말고 〈친절한 금자씨〉 이영애의 대사를 음미해 주기 바란다. "너나 잘 하세요." 각자 잘 하다 보면 평균은 올라간다. 자기는 과락을 면치 못하면서 '반 평균'을 올리겠다고 나서는 일만은 없으면 좋겠다.

　건강한 기독교인, 아니 예수님께 칭찬 받는 크리스천이 되고 싶다면 다시 성경을 펴 보기 바란다. 늘 접하던 말씀이라 읽어도 별 감응이 없고, 읽은 데 또 읽는 게 재미도 없고, 잠까지 몰려온다면 한 편에 잠시 내려놓고 오강남 선생님의 『예수는 없다』를 읽어 보시면 좋겠다. 몽롱한 잠을 깨우고 지금까지 몰랐던 예수님을 만나게 되는 시원한 각성제가 될 것이다. 나처럼 스님이 되라는 말, 없다. 안심하고 읽으셔도 좋다.

서양에서 꽃피운 선불교

"스님, 안녕하세요. 한국에서 오셨나요?"
"네, 안녕하세요! 한국 분이시네요."
"전 제이미라고 합니다."
"반갑습니다."

여기서 '스님'은 날 가리키는 말이다. 제이미는 캐나다에서 활동하는 한인 피겨스케이팅 코치이다. 불자도 아니다. 지인의 소개로 이곳 선원을 방문하게 되었다고 자기를 소개했다. 과거 시카고에 있었을 때 숭산 스님의 미국인 제자를 통해 참선을 알게 되었다고 한다. 그 뒤로 관심을 갖게 되었고 몇 번 따라해 보곤 했다고 한다. 예전의 내 생각이 났다. 나 역시 기독교인이었고 선 수행을 하게 되면서 최근에 스님으로 '승진'하게 되었다고 이야기했다.

그녀의 관심이 나와 비슷해 재미있었고, 그녀는 나의 경력을 흥미로워했다. 제이미는 특히 출가 수행자로서의 삶에 관심을 보였다. 알게 모르게 출가의 삶을 동경하는 듯 보였던 그녀는 사랑스러운 말씨에 진지한 눈빛을 가진 친구였다. 보스턴에서 스님과 한국인으로 만난 인연으로 지금은 언니와 동생이 되어 삶과 수행을 나누는 도반이 되었다.

프로비던스 젠 센터에서 케임브리지 젠 센터로 옮겨 온 첫날의 인연이었다. 미국에서의 수행 기간에 다채롭고 재미난 인연들이 줄줄이 이어졌다. 만남보다 소중한 체험으로 남을 수 있었던 것은 선불교적 수행이 갖는 무한한 가능성 덕분이었다. 이변(二邊)을 허무는 선禪은 삶의 모든 부분에서 융합과 조화를 이루어 내고 있었다.

선禪이 재구성하는 아름다움은 사람을 소통하게 하고, 더욱 자유롭게 존재할 수 있는 장을 만들어 내고 있었다. 선은 허다한 차이와 다름으로 닫혀 있는 문을 여는 '마스터키'였다. 그 열쇠가 내 안에 있는 것 아닌가. 우주적 몫을 알고자 했더니 우주의 주인이 되어 버린 것이다. 하나를 구하니 열을 주셨다.

프로비던스 젠 센터가 '전원주택'이라면 케임브리지 젠 센터는 '도심의 타운 아파트'였다. 하버드대학과 MIT대학 사이에 위치한 선원에는 삼십여 명이 함께 생활하고 있었다. 각각 자기 방이 있고 PZC처럼 여럿이 모일 수 있는 공용 공간을 갖추고 있는 주거형 선원이다. 구성원은 주변 대학의 학부생, 대학원생, 교수 또는 인근에 직장을 두고 있는 화이트칼라가 대부분이었다.

여기도 조석 예불과 참선을 중시할 뿐 매우 자유로운 분위기였다. 스님도 없이 오직 재가자로만 관리·운영되는 자율 수행 공동체였다. 선불교를 궁금해 하고, 수행을 하고자 하는 사람은 많은데 스님은 좀처럼 만나 보기 어렵다. 그렇다 보니 어디나 재가자가 중심이 된 선원이 많다. 인상적인 점은 그럼에도 불구하고 매우 정연하고 진지하다는 것이다. 신행 생활이 스님을 중심으로 이루어지고, 실참보다는 초하루나 천도제 등 복을 비는 '행사' 위주나 구복 위주인 한국의 사찰 분위기와는 사뭇 대조적이었다.

연말이 되면서 선원 식구들과 추수감사절, 크리스마스 파티를 함께할 수 있었다. 그들의 한국 궁금증을 해소해 주는 차원에서 한국 영화를 감상하는 시간을 마련하기도 했다. 서양인 생활 수행자들은 첩첩산중에 전국이 수행처인 한국을 동경했다. 텍사스 출신 법대생 앤디, 재독한인 2세인 보미, 신학대학원생 던컨, 만행이라는 한국식 법명을 자랑하던 데이비드, 눈에 띄는 미모로 인기몰이를 하던 베트남 여대생, 하버드대 교수로 있는 왕자님 같은 인도 청년 등, 빨주노초파남보 도반들이다. 무엇 하나 똑같은 게 없는 다국적 사람들을 '수행'은 하나 되게 했다. 불이不二다.

앤디의 참선 자세는 10년 된 수좌의 자태를 뽐냈다. 가부좌는커녕 의자 없이 바닥에 앉는 것도 어설픈 게 대부분의 서양인 다리 구조인데 석굴암 부처님마냥 앉아 있는 이 친구는 예사롭지 않았다. 하버드대 박사과정에 있던 보미는 절 수행이 안 된다며 고민을 털어 놓았다. 뻗정다리로 손바닥을 바닥에 짚고 다리가 아닌 팔 힘으로 불쑥불쑥 일어나는 보미의 절은 볼 때마다 웃음이 났다. 애써 수행하는 모습은 그저 아름답기만 하다.

외국인 선 수행자들에게 한국의 선방은 최대 로망이다. 이 방 저 방에 한국의 사찰 모습을 담고 있는 달력들이 '미술작품'처럼 걸려 있었다. 하얗게 눈 덮인 산사, 처마에 달려 있는 풍경, 스님의 뒷모습을 담고 있는 사진 한 장 한 장이 이들에게는 '파라다이스'며 '천국'의 모습이었다. 무슬림이 메카 성지순례를 일생일대의 소망으로 꿈꾸듯 선원에 있는 대부분의 사람들은 한국행을 꿈꾸고 있었다. 그것도 간절하게. 물론 명동에서 쇼핑하고 상추쌈에 불고기가 먹고 싶어서가 아니다. 이들은 결제에 참여하고 싶어 했다. 한국의 동안거, 하안거에 대한 이야기는 오프라 윈프리가 하는 이야기보다 흥미진진한 화젯거리가 되었다.

던컨은 하버드대학 신학대학원에 재학 중인 학생이다. 아버지가 개신교 목사이고 본인 또한 목사가 되고자 신학교육을 받고 있었다. 그런데 '절'에서 살고 있다. 그뿐이 아니다. 누구보다 수행에 열심이고 성실했다. 던컨은 자신이 듣고 있는 불교학 수업에 나를 초청하기도 했다. 짧은 영어가 마음에 걸렸지만 흔쾌히 초청에 응했다. 10여 명이 모이는 세미나식 수업이었다. 문제는 내가 입고 있는 승복이었다.

머리 깎고 회색 유니폼을 입고 있으니 내가 원하든 원하지 않든

'불교 전문가'로 사전 인식되는 것이다. 아는 것이 없으니 아는 체 말고 '전공자'인 그들에게 배우겠다는 자세로 교실에 들어섰다. 그런데 아무래도 학생들은 생각이 반대인 듯했다. 불교를 공부하는 서양인들에게 동양에서 온 진짜 스님이니 오죽하랴. 나는 경험에 비추어 맛본 것만 고백했다. 이들에게 나는 '리얼' 그 자체였다. 심지어 내가 신고 있던 털신(재래시장에서 4000원 주고 산 것이다)까지 부러움의 대상이 되었다. 멋지단다. 한국에서는 촌스러움의 대명사이자 구하기도 쉽지 않은 왕따 아이템일 뿐인데, 이 친구들은 극찬을 아끼지 않는다. 털신이 출세했다.

속으로 '고맙기도 하지. 보는 눈은 있어서 얘의 실용성과 경제성을 알아봐 주다니'라며 흐뭇해했다. 불교뿐만 아니라 털신의 가치도 미국에서 빛을 발했다. 받은 찬사가 송구해 귀국 후에는 털신 몇 켤레를 선물하기도 했다. 단돈 몇 만 원으로 다섯 명을 행복하게 했다. 고무 털신이 만들어 낸 감동의 물결과 태평양을 가로지른 행복 다리는 그대로 무지개가 되었다.

또한 참선 서클에 참석할 수 있었다. 우리는 신학대학 캠퍼스 안에 있는 '채플'에서 모임을 가졌다. 교회 예배당에서 십자가를 앞에 두고 참선을 했다. 교회에서 불자와 교인과 스님이 동그랗게 모여 앉아 좌선하는 모습을 상상해 보라. 나는 지금 소설을 쓰고 있는 것이 아니다. 실제 상황을 있는 그대로 전하는 것이다. 이런 상황을 당신은 어떻게 생각하는가?

아마도 두 가지 중 하나일 것이다. 이런 통섭의 화음이 경이로워 놀랄 수도 있고, 반대로 괘씸해 놀랄 수도 있다. 그렇다. 한국에서는 상상도 할 수 없는 일이기 때문이다. 그런데 여기 분위기는 속으로나마 이런 생각을 하는 내가 오히려 이상한 사람이다. 과연 이것은 아니 되는 일인가. 예수님께 꼭 한 번 물어보기 바란다. 한국 교회에서도 이런 조화가 실현되기를 간절히 소망한다.

선의 일본식 발음으로 정착한 '젠'은 오래전부터 구미에서 새로운 트렌드이자 대안이 되고 있다. 미국과 캐나다는 말할 것도 없고 유럽에서도 이미 거스를 수 없는 물살이 되었다. 결혼할 때 말고는 더 이상 교회에 나가지 않는 많은 서양인들에게 선禪은 새롭게 가슴을 뜨겁게 하고 '처음 마음'을 회복하게 하는 강력한 방향등이 되고 있다.

과학기술이 발전을 거듭하고 자본의 힘이 거세질수록 사람의 자리는 좁아지니, 어쩌면 이는 정해진 코스일지도 모르겠다. 머잖아 인간의 경쟁자는 더 이상 인간이 아닌 로봇이 될지도 모르겠다. 괴물처럼 자라나는 물신物神은 인간을 노예로 부리기 시작했으니 어려운 상상도 아니다. 물신은 동서양을 막론하고 사람에게서 생기를 앗아 가고 가슴의 온기를 차갑게 만들고 있다. 구원할 능력도 없으면서 마구 부리기만 한다. 무엇보다 안타까운 일은 한국의 기독교인들이 물신을 하나님인 줄 착각하고 울부짖으며 "주여, 믿습니다"를 외치는 것이다.

"아버지, 저들을 용서하소서. 저들은 자기들이 하는 것을 모르나이다."

선禪은 해방이다. '노예'들에게 자유를 준다. 더 이상 끌려 다니지 말고 스스로 자기 발걸음을 걸어가라고 말한다. 돈과 세상, 사람들에게 배신당하고 지친 사람, 심지어는 자기 자신에게까지 믿음을 잃은 사람들에게 '빛'이 있음을 선언한다.

"더 이상 밖을 찾아 헤매지 말고 고요히 안을 들여다보세요!"

속에서 진주처럼 익어 가고 있는 내면의 뽀얀 빛을 보게 하는 것이다. 보물을 보고 등 돌릴 사람이 어디 있나. 미로에서 출구를 찾는 서양인들을 통해 선은 이미 대륙에서 만개하고 있었다. 달마 대사가 동양에 뿌린 '깨침'의 씨앗은 바람을 타고 날아가 서양에서 발아하고 있었다. 이제는 한국이 옥토가 되었으면 한다.

선불교가 세계에서 유래 없이 가장 고유한 형태로 아름답게 보존되고 있다는 한국. 한국인인 나는 후발대가 되어 집 밖에서 '내 집'의 가치를 깨닫고 돌아왔다. 억울하지만 늦게나마 알게 됐으니 다행이다. 어서 부지런히 나도 자유하고, 남도 자유하게 하는 삶을 살면 되는 것이다. 그러겠다고 머리까지 민 것 아닌가. 이제는 촌음을 아껴 닦고[修] 닦고[修] 닦아서[修] 한국에 선향禪香이 가득하게 할 일[行]이다.

미국에서의 만행은 인생 6교시, 그토록 궁금했던, 사람으로 태어난 이유와 죽기 전에 해야 할 일이 무엇인지를 알게 해 준 시간이었다.

운문사 광주리에 들어간 감자

전통강원講院이라고 일컬어지는 비구니 승가대학은 전국에 네 개가 있다. 경전 공부를 중시해 '법대'로 통하는 동학사 승가대학, 규율이 엄하기로 유명한 '사관학교' 봉녕사 승가대학, 울력으로 해가 뜨고 달이 지는 '농대' 운문사 승가대학, 그리고 가장 늦게 개교한 '현대식 학교' 청암사 승가대학이다.

법대생들이 우아하게 경을 읽고, 신식학교 학생들이 외국인 유학생들과 함께 영어도 배우고 영화도 보며 '청정 캠퍼스 라이프'를 즐기는 동안 내가 입학한 농대에서는 다채로운 노동으로 체력 단련을 한다. 전통이나 규모 면에서는 '농대'가 단연 최고다.

'말은 제주도로 사미니는 운문사로!' 나의 은사 스님과 법사 스님의 지론이었다. 큰물에서 놀아야 한다는 것이다. 다행히 합격 운이 다하지 않은 덕분에 이번에도 무사 합격했다. 내심 그리던 청암사는 물거품이 되었다. 헛된 꿈은 버리고 '임전臨戰' 모드로 클릭하고 소싸움으로 유명한 청도를 향해야 했다.

졸업생들을 통해 공공연히 전해지는 비화들이 머릿속을 맴돌았다. 과로로 하혈은 기본이고, 졸업하면 종합 병病을 세트로 구비하고 나온다는 이야기, '선배'로부터 살아남는 법 등 가지가지였다. 실감이 나지 않았다. 무슨 영화 이야기 같기도 하고, 소설 같기도 했다. 21세기에 어떻게 아직까지 그런 곳이 있을까 반신반의했다. '설마' 하는 희망을 안고 군대보다 조금 '더' 힘들다고 하는 곳, 드넓은 밭과 광활한 일터가 기다리고 있는 운문사 승가대학의 신입생이 되었다.

과연 운문사는 세간의 풍문에 성실하게 부응했다. 1학년인 치문반에게 필요한 것은 오직 손과 발이다. 눈도, 귀도, 입도 다 무용지물이다. 뇌? 그런 사치품은 감히 꿈도 못 꾼다. 촌음을 아껴 시키는 대로 일사불란하게 몸을 움직여 일을 해야 하는 것이 치문반의 지상명령이다. 잠자는 시간, 밥 먹는 시간, 공부하는 시간, 씻는 시간을 희생해 '일'을 해야 한다.

반면에 4학년인 화엄반은 임금 행세를 한다. 지존이다. 앉는 자리는 말할 것도 없고 다니는 길이 다르며 머무는 곳이 엄하게 구분되어 있다. '운문사 화엄반은 군수와도 안 바꾼다'는 속설이 이를 증명한다. 입이 없는 치문반이 할 수 있는 말은 딱 세 가지이다. 첫째 '예', 둘째 '아니요', 셋째 '잘못했습니다'이다. 상판에 대해 그 외의 다른 언어는 구사할 수 없다.

경내에서는 항상 차수叉手, 두 손을 앞으로 가지런히 모아두는 것를 하고 고개는 15도 각도로 땅을 향해야 한다. 시선도 같은 방향이다. 두리번거린다거나 상판의 얼굴 혹은 눈을 바로 보는 일은 있을 수 없다. 가당치 않다. 이런 치문에 대한 착취와 인권유린을 견딜 수 있는 것은 1년만 있으면 '후배'가 생긴다는 것과 '나도 언젠가는 화엄이 될 수 있다'는 희망 때문이다.

새벽 2시 50분이면 단 0.05초의 차이도 없이 도량석道場釋*이 울린다. 경내를 돌며 모든 대중의 새벽을 깨우는 사찰식 모닝콜이다. 머리통만 한 전용 도량석 목탁 소리가 울려 퍼지기 시작하면 불도 켜지 않은 상태에서 신속하게 의관을 정제해야 한다. 누운 채로다. 정각 3시가 되면 방안에 불이 들어온다. 이때부터 전쟁 같은 하루가 시작된다.

침구를 정리해 민첩하게 지정된 장소에 수납하고, 마루에 있는 경상을 들여와 책상을 배열한다. 각이 잘 맞았는지 사집반 2학년 선배에게 분단별로 단체 확인을 받은 후 합격 사인이 떨어지면 그제야 방문이 열린다. 다시 150미터 떨어진 곳에 있는 화장실을 '지정된' 노선으로 나는 듯 걸어가 200여 명이 한꺼번에 몰리는 화장실

● 사찰에서 새벽 예불 전에 도량을 청정히 하기 위해 행하는 의식이다. 도량이란 모든 보살이 성도成道를 얻은 곳, 또는 성도를 이루려 수행하는 곳을 말한다.

에서 순번을 기다려 볼일을 본다. 그 전에 겉옷인 동방은 정랑(화장실) 밖에 배치된 옷걸이에 가지런히 접어서 걸어 놓아야 한다. 일을 보고 나온 후에 벗어 놓은 옷을 다시 입고, 대방으로 들어와 가사 장삼을 수하고 500미터 떨어진 대웅전으로 직진이다. 이 모든 것이 20분도 채 안 되는 시간에 마무리되어야 한다. 새벽 3시 20분에는 마치 아무 일도 없었다는 듯이 백조 같은 자태로 대웅전 법당 안에 정좌한다. 이제야 정신이 든다. 하루가 시작된 것이다.

운문사에는 팔만대장경만큼이나 무수한 습의와 생활 매뉴얼이 있다. 경내 모든 소임은 '핸드 메이드'로 필사되어 전수되는 매뉴얼에 따라 돌아간다. 치문 첫 철에는 방대한 규율을 듣고 옮겨 적는 일을 무한 반복해야 한다. 뼛속까지 운문인이 되기 위한 장치이다. 400개가 넘는 눈들이 CCTV처럼 24시간 모든 동체와 남모르게 짓는 얼굴 표정, 손짓 하나까지 스캔한다. 그리고 기록된다. 기록은 한 학년 윗분들의 몫이다. 그리고 저녁에는 '심판'이 시작된다.

밥은 씹을 시간이 없으니 반찬과 국물을 한데 섞어 마신다. 건더기를 마시니 위는 기겁하고 비명을 지른다. 하지만 그런 어리광을 들어줄 수는 없다. 울다 지치겠거니 하고 모른척한다. 저녁 4시가 넘어야 간신히 칫솔질 할 짬이 난다. 그때까지 세수도 안 한 상태다. 이젠 잇몸까지 들썩인다. 잠자리에 드는 때까지 18시간 동안 '막노동'의 퍼레이드가 진행된다. 어제도 오늘도 내일도 그러하다. 촌음을 쪼개고 쪼개서 동서남북을 오가며 신나게 일을 하고 나면 밤에는 그대로 절임 배추 꼴이 된다. 누워 기절하고 싶은 것 말고는 아무런 감각이 없다.

하지만 그대로 잘 수 있는 무사한 날은 쉽게 오지 않는다. 매일 밤 이부자리를 펴고 나면 '점호'가 기다리고 있기 때문이다. 소등하고 난 뒤, 어둠 속에서 하루 중 상판의 '레이더 망'에 걸려든 사람들의 명단이 호명되고 '죄질'에 따라 경책 시간이 고무줄처럼 늘어나는 날이 다반사기 때문이다. 이 시간은 공식적으로 취침 시간이다. 금쪽같은 '내' 시간이 똑딱똑딱 초침 소리와 함께 물처럼 새어 나가는 것을 눈 뜨고 지켜보아야 하는 것은 그대로 고문이었다.

운문사를 체험하면서 '전우'의 심정을 이해할 수 있을 것 같았다. 생사와 고락을 함께 하는 운명 공동체는 다른 어떤 관계보다 진한 연대감을 갖게 한다. 단체생활에서는 혼자 앞서는 것을 인정하지 않는다. 뒤에서 밀고 앞에서 당기며 낙오 없이 모두가 함께 가는 것을 철칙으로 삼았다. 더불어 가는 것, 그게 잘 사는 것이다.

우리 반은 스무 살 막내 스님부터 쉰 살 백씨 스님까지 모두 62명이었다. 부모와 자식뻘의 연령차가 있지만 같은 학년은 모두 동급으로 취급된다. 행자 생활을 하는 동안 경험했던 단체생활과는 아예 차원이 달랐다. 초긴장 속에서 급박하게 지나가는 일상은 마치 실미도의 주인공이 된 듯한 착각을 불러일으키게 했다. 인간의 정신력이 품고 있는 무한한 가능성을 나는 운문사에서 보았다. 죽을 것 같은 피로도 마음먹기 나름이었다. 육체와 정신은 유사 시 다른 운영체계로 가동될 수 있었다. 육체는 정신에 속해 있었다. 정신이 주인이다.

5분 단위로 끊어질 줄 모르고 짜여 있는 하루 일과는 이미 운명이었다. 묻는 말에 '예, 아니오' 말고는 아무런 발언권이 없는 존재에게 다른 선택 기회가 있을 리 만무하다. 피할 수 없다면 100퍼센트 즐기는 수밖에! 가운데 있으면서 벗어난 마음으로 무장하고 나니 '낙원'이 되었다.

지금도 어쩌다 사극을 보면 운문사 궐내가 떠오르곤 한다. 겹겹이 이어진 기와지붕들이며 담장마다 나 있는 쪽문들, 마치 치문반 스님네들처럼 차수를 하고 잰걸음으로 드넓은 마당을 동분서주하는 궁녀들, 저만치서 우아하게 도포자락을 날리며 신선처럼 발걸음을 옮기시는 어르신들까지 그대로 운문사의 모습이라 할 만하다. 그래서 난 웃기지도 않는 장면에서 피식 달콤 쌉싸름한 미소가 피어난다.

남자라고는 그림자도 없는 여인천하 세상. 물론 비구니를 여자라고 하지는 않는다. 실제로 비구니는 여인네들의 속옷을 입지 않는다. 하의는 남성용을 착용하고 상의는 사이즈에 따라 특별 제작된 '속조끼'라는 것을 착용하거나 그마저 안 한다. 어색했지만 꾸미고 예뻐 보이고 싶은 여성으로서의 본능을 무디게 하기 위한 방편으로 이해했다. 생을 걸고 '도道'를 구하려는데 레이스 팬티와 뽕 달린 브래지어가 도움 될 일은 없다.

성장하고 지금까지 살아오면서 내 주위에는 여자가 많지 않았다. 중·고등학교 때에도 여학생들의 전유물인 '손 잡고 화장실 가기' 같은 행동을 해 보지 않았다. 화장실 가는데 왜 손을 잡고 줄줄이 같이 다녀야 하는지 이해가 되지 않았다. 단체로 행동하기, 시키는 대로 하기 등에 대한 원초적인 거부감이 있었고, 여자들끼리 모여 연예인이나 화장품을 화제로 하는 수다를 질색했다. 그럴 시간 있으면 시사 잡지를 보거나 혼자 영어 단어를 외우는 게 훨씬 유쾌했다.

운문사는 이런 나의 성향과 정반대 되는 온갖 것들을 총망라해 놓은 '맞춤형 천국'이었다. 나는 운문사에서 또 다른 나를 만났다. 아니, 나도 모르는 나를 만날 수 있었다. 스님이 되어 평생 만나지 못했던 여자들을 수백 명 단위로 한꺼번에 만나고 더불어 생활하면서 배울 수 있었던 것은 한두 가지가 아니었다. 그뿐이 아니다. 지금까지 하지 않았던 설거지며 청소며 온갖 가사를 소급해 하고 있는 걸 보니 인생에 공짜는 없으며, 모든 게 공평하다는 생각까지 들었다. 행복도, 고생도, 기쁨도, 아픔도 일정한 양이 있는 것 같았다. 정해진 분량을 다 경험하도록 저마다의 일정으로 인생 커리큘럼이 짜여 있는지도 모르겠다.

거대한 단체생활을 하면서 나는 하루하루 바뀌어 가고 있었다. 남자가 병역 의무를 다하는 동안 여자는 단기 출가를 하면 좋겠다는 생각을 했다. 검소와 검약은 기본 중에 기본이고, 요리면 요리, 수납이면 수납, 청소면 청소 모든 영역에서 프로가 될 수 있기 때문이다. 현모양처를 지망하는 분들은 심사숙고하시기 바란다. 친환경 웰빙 사찰요리를 무료로 배울 수 있는 기회다. 반면 생사를 초월한 대장부가 되겠다고 출가한 여자들이 대장부는 고사하고 절집 층층 시하에 묶여 부엌살이를 면치 못하는 비구니 스님들도 허다하다는 아이러니도 있다.

"광우 스님, 이리 오세요."

"왜 그렇게 키가 커요?"

띠동갑만큼이나 어린 2학년 사집반 스님의 말이다.

"잘못했습니다."

"얼굴은 왜 그렇게 하얘요?"

여기서 '예'나 '아니요'라는 대답은 문맥에 맞질 않으니 또 사과조여야 한다.

"잘못했습니다."

다양한 군상은 다양한 현실을 가능하게 한다. 억지를 부리며 이유 없이 꼬투리를 잡고 재미 삼아 경책을 일삼던 어린 선배 스님들부터, 눈을 피해 가려운 곳을 긁어 주고 호감을 전하던 화엄반 스님들도 있었다. 출가 당시 30대 중반이었던 나는 중씨, 중간 연령에 속했다. 스님들은 출가 나이로 말한다. 법랍 몇 년이 중하지 세속 나이, 세속 학력, 세속 경력 따위는 아랑곳하지 않는다. 속된 말로 '까라면 깔' 뿐이다. 조직은 합리, 정의, 상식을 인정하지 않았지만 '사람'은 그곳에서 꽃을 피우고 향기를 뿜어내고 있었다. 사막에도 오

아시스가 있고, 만년설에도 꽃이 피듯 척박한 환경에서 교감할 수 있는 우정은 그대로 에델바이스가 되었다.

'그래 여기가 아니면 내가 어디서 이런 경험을 할 수 있을까. 120 퍼센트 치문반이 되자'고 결심을 하고 나니 일순 상황이 뒤바뀌었다. 시트콤을 찍는 듯 재미나고 유쾌했다. 이 독특한 설정, 각별한 상황들이 '소중하게'까지 여겨지기 시작했다. 모든 것이 값진 첫 경험이었다. 수많은 성격들이 부딪치고 깨지고 꿰매어지며 지내는 운문사 대중생활이 즐거웠다.

9시 뉴스가 시작될 때면 운문사 경내에는 칠흑 같은 어둠과 고요가 이부자리처럼 깔린다. 종일 울력으로 지친 몸을 스러지듯 눕혀 보지만 잠은 이내 오지 않는다.

"스님, 자요?"

"아뇨. 너무 피곤한데 잠이 잘 안 오네······."

어느샌가 옆자리에 누웠던 도과 스님이 통통 부은 내 발이며 다리, 팔목을 꼭꼭 주무르고 있다.

"스님, 괜찮아요. 스님도 힘든데······. 근데 너무 시원하다. 살 것 같아, 아이 좋아."

애교로 고마움을 대신한다.

"이렇게 조금만 풀어 줘도 훨씬 나아요."

힘들 때 자기보다 남을 더 챙겨 주려 애쓰던 천사들, 61명의 도반을 얻은 것은 수행의 가장 큰 열매고 기쁨이고 자산이다.

숭산 대선사는 기회가 있을 때마다 외국인 제자들에게 '한국식 감자 깎이'를 예로 드시며 대중생활의 의미를 강조하셨다고 한다. 감자 한 개씩 껍질을 벗기는 것이 아니라 많은 감자를 한 바구니에 넣고 섞으면 자기네끼리 부대끼면서 서로의 껍질이 벗겨진다는 것이다. 그렇듯 인간의 모난 모습도 혼자서는 볼 수 없으며, 혼자서는 고치기도 쉽지 않다. 하지만 여럿이 모여 살면 서로 탁마하며 함께 성숙해질 수 있다는 교훈을 담고 있다. 나는 운문사 광주리에 들어간 감자였다.

금남의 집, 비구니 승가에 살면서 부모님보다도 남자친구보다도 깊은 정을 갖게 될 줄은 꿈에도 몰랐다. 어린 스님은 어린 스님대로 나이 든 스님은 나이 든 스님대로 나를 감동시켰고 가슴으로 미소 짓게 했다. 누구나 피하고 싶은 고된 상황에서 어른 같은 어린 스님도 있었고, 아이 같은 어른 스님도 있었다. 힘들 때마다 위로가 되었던 스님들의 '보이지 않는 손길'은 지금도 뭉클함으로 남아 있다.

운문사에서 배운 가장 큰 가르침은 '공양간'에서의 일이었다. 절에서는 밥을 짓는 공간을 공양간이라고 한다. 공양간은 성스러운 곳이다. 밥을 짓고 푸는 일체의 도구는 다른 것과 구분되어 별도 관리되며 밥솥은 화학 세제를 쓰지 않고 물로만 닦아 낸다. 물론 설거지는 치문반의 소임이다.

공양간 설거지 소임을 맡은 첫날, 놀라운 광경을 목격해야 했다.

200명의 밥을 짓고 난 밥솥은 산을 이루고 있었다. 솥들은 줄지어 있는 물웅덩이를 몇 차례 거치면서 깨끗하게 씻겨 건조대로 옮겨진다. 아무리 많은 솥들이라 해도 여러 사람의 손놀림은 당할 바가 아니다. 설거지가 끝나고 다른 스님과 함께 커다란 통을 들어 설거지물을 버리려는 순간이었다.

"아! 스님, 그 물은 그냥 버리면 안 돼요."

"네?"

"그물망에 받치고 물을 쏟아야 해요."

"네?"

"설거지물에 남겨진 밥찌꺼기도 버리면 안 되잖아요. 큰 것들은 모아 새 모이로 주고, 남은 것은 하판 스님이 먹어야 합니다."

"……."

나는 말을 잃었다. 음식에 대해 특히 밥에 대해서 이렇게 지극하게 생각하는 스님네들의 사고가 묵직하게 가슴을 울렸다. 그동안 아무 생각 없이 버리고 썩힌 음식들이 얼마인가. 맛있으면 먹고 맛없으면 타박하며 음식 취급도 안 했던 기억이 다시 방망이질을 했다. 음식은 그저 혀의 욕망을 충족시키기 위한 것이 아니었다. 수많은 사람들의 노고가 담겨 있으며, 나의 생명을 유지하게 하는 생명 그 자체라는 인식을 새기게 되는 순간이었다.

설거지물에 어른거리는 내 모습이 부끄러웠다. 그리고 이내 감사한 마음이 일었다. 깨침도 중요하지만 먼저 '사람 되는 공부'가 우선이었다. 옷 잘 입고, 얼굴 예쁘고, 공부 잘하고, 돈 잘 버는 사람이 칭찬 받는 세상에서 뒷전으로 밀렸던 과목이 너무 많았다. 해외 유학도 하고, 석사 학위를 받으면서도 배우지 못했던 것들을 운문사 농대에 들어와서 배울 수 있었다. 운문사 승가대학 학인 스님 200명의 '거울'에 비친 나의 진짜 모습에는 부끄러움이 많았다. 잘난 줄 알았던 거품을 빼내야 '진짜 잘난 사람'이 되는 것이었다.

#8

환속,
다시 세상
속으로

나는 누구인가

치문이라는 이름으로 정신없이 두 철이 지났다. 처음으로 산문山門을 나올 수 있는 공식 외출을 맞았다. 여름방학이다. 누구라고 할 것도 없이 우리 반 62명 스님들은 모두들 아침부터 신이 났다. 6개월 만의 자유이고 해방이다. 나도 짐을 꾸리고자 사물함이 있는 다락방에 올랐다. 한쪽으로 자리를 잡고 앉아 뛰어다니던 마음을 가라앉히고 사물함에서 정갈한 법복을 꺼냈다. 의관을 정제했다. 토시와 작업복으로 족했던 지난 반년이 꿈처럼 머릿속을 맴돌았다. 환영을 떤구어 내듯 곱게 접혀 있던 두루마기를 펼쳐 입고 가지런히 놓여 있는 하얀 고무신에 발을 넣었다. 바랑 하나를 등에 메고 '구중궁궐'을 뒤로했다.

일주문으로 향하는 울창한 숲길은 그대로 피안이었다. 길 양쪽으로는 세월을 가늠하기 어려운 웅장한 소나무들이 빼곡하게 줄지어

환속,
다시 세상
속으로

손을 흔들고 있었다. 잘 왔노라고, 그리고 잘 가라고 환송해 주는 것만 같았다. 성스럽기까지 한 청량한 기운을 받으며 '세상을 향해' 한 발짝 한 발짝 걸음을 내디뎠다. 마치 힘겹게 정상에 올라 360도 파노라마로 펼쳐지는 경치를 둘러보고 하산할 때처럼 홀가분한 마음으로 천천히 밖으로 난 흙길을 걸었다. 행복했다.

숲속 어딘가에서 예수님의 음성이 들리는 것 같았다.

"하나님이 내 안에, 내가 하나님 안에 있는 것처럼 내가 너희 안에, 너희가 내 안에 있다"고.

"아멘……."

마음속으로 기도를 하고 나니 내딛는 발걸음에 힘이 들어가고 속도가 붙었다. 이제는 더 이상 머뭇거리고 주저할 것이 없다. '내 안의 하나님'을 믿고 당당하게 걸어가면 되는 것이다. 지금까지 나의 여정이 전생의 기억처럼 아련하게 떠올랐다. 내가 누구인지, 하나님은 어디 계신 분인지, 도대체 진리란 무엇인지 풀리지 않는 의문덩어리를 품고 몸부림쳤던 날들이 가을 낙엽처럼 우수수 흩날렸다. 진리와 궁극적 삶의 의미를 찾아야 했기에 순복음 기독교인에서 클라라가 되었고, 여의주를 거쳐 비구니 승려가 되었다. '나는 누구인가?'라는 물음에 이제는 답을 할 수 있을 것 같다.

하염없이 찾았던 '뜰 앞의 잣나무'는 내 울타리 안에 있었다. 늘 그곳에 있었는데 보지 못했던 것이다. 3년을 밖으로 여행을 하고 돌아온 후에야 언제나 그 자리에 있던 '그것'을 보고 움찔 놀란다. 마치 처음 본 것처럼 말이다. 있는 것을 있는 그대로 보지 못하게 했던 마음의 찌꺼기가 이제야 조금은 닦인 모양이다. 감산憨山, 1546~1623 선사의 고백이 가슴으로 읽힌다.

참된 성품은 맑은 연못과 같아, 고요한 물처럼 맑으나
증애憎愛가 그것을 뒤흔들어 번뇌의 물결이 일어나네.
번뇌가 일어나 쉬지 않으니 자성自性이 혼탁해져서
번뇌 무명無名이 늘어날수록 그것을 깨닫지 못하네.
'내'가 '그것'을 취하니 진흙이 물속으로 들어감과 같고
'그것'이 나를 움직이니 기름이 불길을 부추김과 같네.
'그것'이 나의 성품을 어지럽히니, 거기서 실로 '나'가 생기네.
만약 '나'가 생기지 않는다면, 겁소劫燒에 얼음이 얼리라.
그래서 지인至人은 먼저 '나'라는 생각을 비우나니,
'나'라는 생각이 비워진다면 '그것'인들 어디에 장애되겠는가.
'나'를 잊어버리는 수행은 굳건히 참아 내는 데 있다네.
습기習氣가 일어나는 즉시 문득 맹렬히 살펴보고,
살펴보는 곳에서 즉시 자각하여, 한 생각 빛을 돌이키라.
지나온 자취를 끊어 버리면, 바로 그 자리에서 청량하리니,
청량하고 적정寂靜하면 곧게 홀로 설 것이며,
담박하게 정신을 기쁘게 하면, 사물이 대적하지 못하리라.

　　　　　　　　　　　－감산 선사, 「징심명澄心銘」

'당신은 누구입니까?' 하고 물으면 사람들은 대답한다. 출생 후에 주어진 이름을 말하기도 하고 누구 엄마, 혹은 아무개 아빠, 그것도 아니면 명함에 인쇄된 직책으로 자신을 대신한다. "정말?"이냐고 물으면 이내 스스로의 대답에 우물쭈물하게 된다. 맞는 듯 맞지 않음을 눈치 챈 것이다. 미로처럼 얽힌 많은 역할들 속에서 진정한 자기는 길을 잃기 일쑤다. 긴가민가하면서도 먹고사는 일에 떠밀려 정답 찾기는 뒷전이 되고 만다. 이것이 우리들의 일상이다.

선가禪家에는 '부모미생전 본래면목父母未生前 本來面目'이라는 화두가 있다. 부모에게 몸을 받기 전의 나는 누구냐는 것이다. 이름도 없이 엄마 탯속에 머물던 10개월은 누구이며, 그 전에 몸의 형태도 이루지 못하고 세포로 존재하던 나는 누구인가? 자궁에 착상도 되기 전에는? 이름도 형태도 없던 때의 나, 그 에너지는 무엇인가. 이처럼 선禪은 아는 데서 모르는 곳으로 들어가는 역설이다.

사량 분별을 넘어서는 형이상학적 초월의 존재에서 인간의 몸으로 태어나는 순간 인간은 오욕五慾의 덩어리가 된다. 과자 하나를 놓고 서로 먹겠다고 기를 쓰고 싸우는 초라한 동물의 속성을 덧입는 것이다. 쾌락을 추구하는 삶을 사느냐, 욕망 속에 감춰진 초이상을 캐내며 사느냐에 따라 한 인간의 결은 천지를 오간다. 성인도 되고 악인도 될 수 있다. 이것은 서울대를 나오고 대기업에서 억대 연봉을 받는 것과는 하등 상관이 없는 별도의 커리큘럼이다. 누구나 다 해야 하는 의무교육도 아니고(물론 하면 좋다), 잘했다 상 주고 칭찬

해 주는 공부도 아니다. 어쩌면 돈 안 되는 공부했다고 왕따 당하기 십상이다. 바보 취급은 덤이다.

그런데 이상한 일이다. 남이 알아주지 않고 예수님처럼 없이 살아도 한결같이 고여 있는 기쁨이 있다. 다른 사람들의 시선이 불편하지 않으며, '잘난 사람'의 잘남이 부럽지 않다. 경주는 아니지만 부럽지 않으니 진 것도 아니요, 이긴 것도 아니다. 그냥 좋다. 온 곳으로 돌아가고자 하는 이 공부는 통장에 늘었다 줄었다 하는 잔액으로 천당과 지옥을 오가게 하는 마음 졸임이 아니라 과자를 하나 더 먹든 남이 가져가든 연연하게 하지 않는 신통이 있다. 원래 과자를 좋아하는 사람이었음에도 불구하고 신통함은 입맛까지 바꾸어 놓았다. 못난 나의 한계와 인간의 원초적 욕망을 넘게 하는 실용 학습임에 틀림없다.

'나'는 무엇인가?

수많은 손가락이 가리키고 있는 달님이다. 하나님이며, 본성이며, 저마다 지니고 있는 불성이고, 성령이다. 순수 존재인 '참나'가 길이고, 진리이고, 생명이다. 언어로 꼴 지을 수 없는 무엇을 표현하려니 여러 말이 등장할 수밖에 없다. 서방은 'God'이고, 이슬람은 '알라'며, 한국에서는 '얼'이라 칭한다. 숱한 이름과 형상은 '하나'를 가리키고 있다.

삶에 고통을 유발하는 범인은 참나인 척 거짓 행세를 하는 '가짜 나'이다. 영어로는 에고^{ego}라고 부른다. 에고는 마음속에서 아귀 짓을 하고, 이단아 노릇을 하며 끊임없이 소음을 일으킨다. 에고는 만족을 모르고 자족할 줄 모르는 욕심쟁이다. 쉴 새 없이 남과 비교하면서 자신의 능력을 의심하는 소심쟁이다. 무지한 에고는 너울대는 감정이 자신이라고 착각한다. 희로애락으로 잠시도 가만히 있지 못하고 춤을 추듯 요동치는 감정의 소용돌이를 자신이라 믿으며 덩달아 파도를 탄다.

참과 거짓을 분간하지 못하니 탐욕과 집착으로 점철된 삶을 살 수밖에 없었다. 편견에 발목 잡혀 '있다, 없다, 옳다, 그르다'밖에 모르는 가위로 세상을 재단하는 어리석음을 반복했던 것이다. 잘못 보고, 잘못 느끼니 잘못 판단할 수밖에 없다. 다람쥐가 쳇바퀴를 돌 듯 고통의 악순환을 자초하며 살아왔다.

당연히 힘들 수밖에…….

불교는 자신을 바로 보는 길을 닦아 놓았다. 이름하여 팔정도八正道라는 첩경이다. 붓다는 여덟 겹의 바른 길을 걸을 때 '신의 평화'에 다다를 수 있다고 설한다. 그 길은 바른 견해(正見)에서 출발한다. 에고의 방해 없이 사물을 있는 그대로 보는 것이 첫 번째다. 첫 단추가 잘 끼워지면 나머지 일곱 개는 자동이다. 일곱 개의 바른 길은 바른 생각(正思惟), 바른 말(正語), 바른 행동(正業), 바른 직업(正命), 바른 정진(正精進), 바른 마음 다함(正念), 바른 집중(正定)이다.

여덟 가지 지름길에서 바른 견해와 바른 생각은 지혜(慧)로, 바른 말과 바른 행동과 바른 직업은 계율(戒)로, 바른 정진과 바른 마음

다함과 바른 집중은 명상(定)이라는 큰 길에 이르게 한다. 명료한 깨침을 뒷받침하는 계·정·혜 삼학三學이다.

수차례 이름이 바뀌는 동안 '나'에게로 이르는 세밀한 지도를 손에 쥐었다. 이제는 계속해서 바르게 정진하는 일만 남았다. 나를 성소은이라 부르든, 클라라라 부르든, 또는 광우 스님이라 부르든 '본래의 나'는 여여如한 것이다. 그렇다면 내가 무슨 '네떼루 name tag'로 불리고 어떤 옷으로 추위를 막으며 살지는 지극히 형식적인 문제, 편의상의 선택으로 남는 또 하나의 방편일 뿐이다. 잠시 유쾌한 고민을 했다. '소풍'이 계속될 동안에 사용할 제일 마음에 드는 이름과 머리 모양을 골라보기로 했다.

'어떻게 할까……'

단출한 삭발도 마음에 들지만 민머리와 회색 옷은 폐쇄적이고 배타적인 상像, 모습으로 작용할 수 있다. 인위적으로 또 다른 '한계'를 만드는 것이 마음에 걸린다. 교회에 가고 싶어도 가지 못할 것이고 '불자'라고 딱지가 붙는 것도 답답하다. 양쪽을 버리고 둘 다 아우를 수 있어야 한다. 교회와 선원은 내게 어머니이고 아버지이다. 누구를 버리고 누구를 택할 수 있단 말인가. 둘 다를 존중하는 자식이고 싶다.

나는 그냥 '수행자修行者'이고 싶다.

닦으며 살아갈 뿐이다.

나의 때도 벗기고 여력이 있어 남의 등도 밀어줄 수 있다면 더할 나위 없다.

참선을 하며 만났던 도반이 소중하다면 교회에서 만나 함께 성가를 불렀던 형제자매들 또한 나의 소중한 도반이다. 가사 장삼을 입고서는 이들을 편하게 볼 수가 없다. 그들이 꺼려할 테니 말이다. 나만 좋다고 상대의 마음을 불편하게 만들 수는 없는 일이다. 그들에게도 다가가고 싶었다. 조곤조곤 나지막하게 나의 여행 이야기를 들려주고 싶었다.

방학이 끝나고, 나는 청도로 내려가지 않았다. '유학'을 끝냈다.

답은 환속이다.

깨달음 이후의 빨랫감

한 목사의 딸이 아버지에게 설교의 내용을 어디서 얻느냐고 물었다.
"하나님에게서지." 그가 대답했다. 그러자 딸이 다시 물었다.
"그럼 왜 설교문을 막 지우고 고치세요?"

— 앤소니 드 멜로

중국의 허운虛雲 스님이 120세의 나이로 죽기 전에 말했다. "큰 견성 이전에는 작은 견성이 많이 있다. 그리고 진짜 깨달음에 이르는 과정에는 큰 견성이 많이 있다." 세계적인 불교학자이자 서양의 대표적인 명상 지도자 중 한 사람인 잭 콘필드 Jack Kornfeild는 자신의 저서 『깨달음 이후 빨랫감—깨달음, 그 뒤의 이야기들』에서 "최초의 열림은 단지 시작일 뿐"이라고 고백하고 있다.

성 요한에 따르면 영적 정화의 여정에는 '감각의 어두운 밤'과

'영혼의 어두운 밤'이 찾아온다고 한다. 감각의 어두운 밤은 세속적인 일들에 대해 입맛을 잃는 심각한 상실의 기간이다. 과거에 위안을 주었던 모든 것들이 의미를 잃는 때이다. 이 기간은 자만과 탐욕, 노여움으로부터 인격을 정화하는 인내의 시간이다. 이어지는 영혼의 어두운 밤에서는 더욱 깊은 정화와 복종이 요구된다고 한다. 이곳은 구약성서에서 욥이 경험하는 혼란과 비탄의 연옥이다. 이 긴 여행에서 중요한 것은 겸손한 인내와 끈기라고 말하고 있다.

잭 콘필드의 저서에는 다양한 수행 전통으로 깨달음을 추구한 수행자들의 경험이 담겨 있다. 지금 이 길을 걷고 있거나 걷고자 하는 이들에게 큰 위로가 되는 고백이다.

어느 라마승은 이렇게 회고한다.

"집으로 돌아오자 인도와 티베트에서 보낸 12년의 경험은 마치 꿈이었던 것처럼 느껴졌다. 서구의 가족과 일터로 돌아와서 겪는 문화적 충격 속에서 그 초월적인 경험들의 기억과 가치는 가물가물한 꿈처럼 흔들리고 있었다. 낡은 습관들이 놀라울 정도로 빨리 돌아왔다.

나는 짜증이 나고 혼란스러웠다. 몸을 돌보지 않고, 돈과 애인에 대해 걱정하기 시작했다. 상태가 나쁠 때는 내가 배운 것이 말짱 도루묵이 된 것이 아닌가 겁이 나기도 했다. 그러다가 나는 지나간 깨달음의 기억 속에서 살 수는 없다는 것을 문득 깨달았다. 영적 수행이란 바로 지금 하고 있는 그것임이 분명하다. 그 밖의 모든 것은 환상이다."

영적 체험을 소화해 내는 것은 여러 해가 걸리는 과정이다. 세 달 동안 비파사나 수행을 한 수행자들은 그들이 깨달은 것을 삶 속으로 가져오기를 터득하는 동안, 환희와 실망과 새로 발견한 지혜가 교차하는 이행 과정이 열두 달 동안은 지속될 것이라는 주의를 받는다. 한 비파사나 지도자는 5년의 주기를 이야기한다.

"아마도 과거의 슬픔을 건드릴 수 있으려면 지난 5년 동안의 가슴의 안정과 자양분이 절대적으로 필요했던 모양이다. 마침내 슬픔이 찾아왔을 때, 이후의 5년은 그 반대 극이었다. 고통과 고뇌라는 우물의 깊이는 그 이전의 황홀경의 그것과 맞먹었다. 아마도 나는 양쪽을 다 경험할 필요가 있었던 것 같다."

목마른 사슴이 시냇물을 찾듯 정신없이 내쳐 걸었던 3년간의 나의 수행도 크게 다르지 않았다. 한 걸음 한 걸음 내딛으며 맛보았던 시원함을 어디에다 비유할 수 있을까? 지복이었다. 운문사를 등지고 나올 때 바랑에 넣고 나온 환희심, 세상을 다 얻은 듯 등등하기만 했던 자신감은 이내 흔적도 없이 사라졌다. 진정한 수행은 환속 후의 '빨랫감' 속에 들어 있었다.

환속 후의 세상은 전혀 달랐다.

세상은 외부와 차단된 단정한 선방도 아니었고, 수행자의 삶을 지켜줄 수 있는 든든한 울타리도 없다. 이렇게 해라 저렇게 해라 일러 줄 스승도 없다. 혼자다. 사방에서 몰아치는 비바람에 홀로 맞서야 하는 또 다른 광야의 나그네가 되어 있었다. 어디로 가야 할지, 가야 할지 말아야 할지 모든 것은 나에게 달렸다. 게다가 그 엄청난 '시차'라니……. 비바람은 고사하고 맑은 하늘 아래서도 시차로 인한 지독한 어지럼증에 발을 내디딜 수 없었다.

이전에 내가 살았던 세상인데 모든 것이 달라졌다. 마치 플라스틱 세상 같다. 요란한 소음에, 쉴 새 없이 점멸하며 눈을 현혹시키는 네온사인들, 이마에 깊은 화기火氣를 담고 있는 지하철 속의 힘든 표정들, 목청을 올리며 구매를 강요하는 텔레비전 광고들……. 세상은 이미 술에 취해 비틀거리면서도 더 독한 술을 달라고 아우성치고 있었다.

그 속에 우두커니 서 있는 나도 낯설기는 매한가지다. 입고 있는 청바지와 셔츠도 어색하기만 하다. 내가 옷을 입으면서도 마치 바비 인형의 옷을 갈아입히는 듯한 착각이 일었다. 일거수일투족이 철저하게 객체화되어 인식되는 날들이 이어졌다. 눈으로 보이는 것들은 환영처럼 보이는데 손으로 만져지는 실체는 섬뜩할 만큼 생생하게 각인되었다. 이 모순이 마음에 빈혈을 일으켰다.

몸도 시차를 겪어야 했다. 달라진 음식들을 소화해 내지 못하고

기가 바뀌는 것인지, 막히는 것인지 여러 날 동안 비몽사몽 헤매었다. 세상에 있지만 이 세상 사람이 아니었는지 모르겠다. 예수님도 부활하기 전 3일 동안 이러했을까? 혹독한 무덤 체험이었다.

두어 달은 몸과 마음을 추스르느라 여념이 없었다. 가급적 외출을 삼가고 '몸조리' 차 도서관만을 오갔다. 다행히 집 근처에 쾌적한 시설의 공공 도서관이 있어 효험을 보았다. 도서관이야말로 '의료사고'가 나지 않는 유일한 '종합 병원'이자 '종합 영양제'이다. 나는 균형을 유지할 수 있는 영양제가 필요했다. 시차를 극복하고 신자본주의의 물살 위에 살포시 돛단배 하나를 띄울 수 있는 근력을 키워야 했다.

수제 전통찻집이라는 돛단배를 마련했다. 세속에 안착하고자 동생과 함께 시작한 생애 최초의 자영업이었다. 정확하게 1년을 운영하고 개업 1주년을 맞는 창업일을 폐업일로 기념하며 문을 닫았다. 풍랑과 몰아치는 쓰나미로 배멀미까지 해야 했던 리얼 만행이자 생생한 수행 기간이었다.

가나다를 배워가며 개업을 했지만 그것은 시작에 지나지 않았다. 내 사업임에도 불구하고 우리는 을이다. 손님이 갑이고 왕이시다. 이 왕들을 어찌할꼬. '왕'이 있어도 문제, 없어도 문제. 다양한 '왕'들이 있었다. 공공연히 불특정 다수의 출입이 가능한 장소이니 마음에 들지 않는 사람이 온다고 내칠 수도 없고, 시끄러우니 나가라고 할 수도 없다. 시작할 때는 황금 알을 낳는 거위라고 믿었는데 황금 알은 고사하고 달걀 한 줄 모으기도 녹록치 않았다. 5급 인생 고시다. 돈이고 뭐고 다 멀미가 났다.

운문사에서 치문을 살아 보지 못했다면 나는 한 달을 견디지 못했을 것이다. 만나고 싶은 사람만 선별해 만나고, 하고 싶은 일만 골라 하는 것도 쉽지 않은데 '아무나' 봐야 하고 '모든 것'을 참고 견뎌야 하는 현실은 동안거, 하안거를 합친 것보다 지난한 작업이었다.

동생과 함께 잠시나마 자영업을 해 보면서 성경에도 경전에도 없는 가르침을 새로 공부할 수 있었다. '내가 세상을 공짜로 살았구나' 뼈저리게 깨달았고, '수행은 이제부터'라고 깊게 자각했다. 멋 부리며 말하는 하심下心이 아니라 매 순간순간 온몸으로 실천하는 하심이 아니면 안 되었다.

쉽지 않았다.

한때는 수행의 기쁨에 세상을 다 가진 것 같은 충만함으로 소리를 지르고 하늘까지 솟아오를 것 같은 희열에 취해 있었다. 그런데 축제는 끝난 지 오래다. 지금은 아무것도 없다. 물거품이 되었다. 추락하는 것에도 날개가 있다. 곤두박질치는 자신을 돌아보며 늦게나마 아직까지 덕지덕지 붙어 있는 내 안의 '거품'들을 볼 수 있었다. 어설픈 가짜였다. 진짜 삶을 살기 위해서는 철저하게 거품을 빼야 한다.

금강경은 우리에게 반드시 끊어 내야 할 네 가지 견해가 있다고 설한다. '나'라고 하는 아상我相, 나와 구분 짓는 남으로서의 인人과

넓게는 다른 생명과 구별되는 사람이라고 하는 인상人相, 깨달은 자에 대비되는 중생상衆生相, 유정물로서 생명 있는 자라는 수자상壽者相이다.

특히 수자상은 삼라만상을 이루는 모든 무정물에 우월의식을 갖게 하는 어긋난 인식이다. 사람만 우선시해 산하 대지와 일체 무생물을 아무렇게 취급하는 위험한 생각이다. 예수님이 말씀하셨듯이 붓다 또한 보이는 세상과 보이지 않는 세상의 모든 것들이 하나님, 또는 부처의 현현顯現이며 우리 생명 있는 것들과 다를 바 없다고 말씀하고 있다. 도생이라는 중국의 스님이 개유불성皆有佛性, 일체 모든 것들에 불성이 있다고 설법하니 조약돌이 끄덕였다는 일화가 있다. 모두가 나인 것이다.

이 네 개도 첩첩산중인데 출가 수행자에게는 두 개가 더해진다고 한다. 중이라고 하는 중상僧相이 있고, 참선한다고 하는 수좌상首座相이다. 네 상을 떨쳐 내지는 못할망정 중상과 무시무시한 수좌상이 더해지게 되면 손도 못 대는 중증 말기 환자가 된다. 이쯤 되면 막가자는 것이다.

나 또한 네 상을 여의러 갔다 두 상을 추가해 나왔을지 모른다. 겨우 중상은 털어 냈을지언정 남은 아상, 인상, 중생상, 수자상, 수좌상은 여전히 떼어 내야 할 혹으로 남아 있는 것이다. 회생할 수 있는 출구는 오직 하나다. 마음의 거품을 제거하는 것이다. 내려놓기다. 수행을 했다 하면서도 여전히 마음에는 비곗살이 끼어 있었다.

마음 다이어트로 일체를 받아들이는 것만이 유일한 희망이다. 아무 것에도 '나'를 주장하지 않으며 스스로 바닥을 치는 육탁^{肉鐸}이 되지 않으면 안 되는 것이다.

수북하게 남겨져 있는 '빨랫감'들을 안고 마음을 다독였다. 먼저 빨랫감을 분류해 보았다. 버릴 게 있었고, 태울 게 있었고, 재활용 할 게 있었다. 순수하게 정화하고 나면 내 것이라 할 만한 것은 많지 않다. 많이도 필요 없다. 하심과 인내 정도였다. 허공 같은 마음과 고목나무처럼 제자리를 지키며 그늘이 되고, 열매를 맺고, 그루터기가 되는 묵직한 뚝심이 있으면 될 것 같다.

떠날 때는 무심^{無心}을 알았고, 머물 때는 유심^{有心}을 보았다. 그리고 돌아와서는 유심^{唯心}을 품에 넣었다. 르네 도말$^{Rene\ Daumal}$의 말처럼 우리는 한곳에만 머물 수 없다. 정상이 아무리 좋아도 영원히 머물 수는 없는 것이다. 다시 내려와야 한다. 하지만 우리는 올라가서 보았고, 더 이상 보이지 않아도 최소한 알고 있으며, 본 것을 기억하며 살아가는 것이다. 본 것과 보지 않은 것의 차이는 깊고 선명하게 삶에 투영된다.

지혜로운 항해자들은 정박한 항구가 아무리 아름다울지라도 거기에 영원히 머물 수는 없음을 배운다. 그렇게 한다는 것은 숨을 참는 것과도 같다. 그것은 자신의 과거로부터 감옥을 만들어 내는 것이다. 한 선사는 이렇게 말한다.

깨달음은 단지 시작일 뿐, 여행의 첫걸음이다. 그것을 자신의 새로운 정체로 알고 붙들고 있어서는 안 된다. 그러다가는 즉시 탈이 난다. 깨달은 후에는 곧 분주한 삶 속으로 돌아가서 여러 해를 살아야 한다. 그때에만 배운 것이 소화된다. 그때에만 온전한 내맡김을 배울 수 있다.

-잭 콘필드, 『깨달음 이후 빨랫감』, 한문화, 2006.

환속,
다시 세상
속으로

自有와 自由

이 순간 '자신으로〔自〕 존재〔有〕'할 수 있을 때 '스스로〔自〕를 말미암는〔由〕' 무한한 존재가 된다. 온전한 자신으로 있을 때 자유하게 되는 것이다. 꽁꽁 묶여 있는 결박에서 풀려나 활개를 펴는 것이다. 이런 단순한 깨달음은 도처에 널려 있다. 편견이나 고정된 관념 없이 있는 그대로를 보고 느낄 수 있는가 그렇지 못하는가에 따라 우리 삶의 주객은 달라진다. 내가 내 삶의 주인이 될 수도 있고 하인이 되기도 한다. 내가 사는데 남이 주인 행세를 하게 하는 것은 주객이 전도된 것이다. 식민지다.

일제가 아니라 부모의 식민지, 권력의 식민지, 돈의 식민지, 믿음의 식민지, 광고의 식민지, 연예인의 식민지, 문자의, 텔레비전의, 무지의…… 머리끝에서 발끝까지 우리를 지배하려고 하는 것은 쓰나미처럼 넘쳐 난다. 내가 나 되는 일이 갈수록 힘들어지는 세상임에 틀림없다.

　이런 진실과 비극을 기억하게 하는 유명한 영화가 있다. 로빈 윌리엄스가 주연한 〈죽은 시인의 사회〉다. 얼마 만인가, 어지럼증이 가실 무렵 DVD에 앉은 먼지를 털어 내고 다시 꺼내어 보았다. 주인공 키팅 선생의 대사가 귓전을 울린다.

시간이 있을 때 장미 봉오리를 거두라.
시간은 흘러 오늘 핀 꽃이 내일이면 질 것이다.
시간이 있을 때 장미 봉오리를 거두라.

라틴어로 카르페 디엠이지.
'카르페 디엠' 그것은 현재를 즐기라는 말이다.
현재를 살라!
왜냐면 우리는 반드시 죽기 때문이지
지금을 살아라!

인류는 열정으로 가득 차 있다.
의학, 법률, 경제, 기술 따위는 삶의 도구이지만
시와 아름다움, 낭만, 사랑은 삶의 목적인 거야.

휘트먼의 시를 인용하면

"오, 나여! 오, 생명이여! 끊임없이 솟는 이 질문!
믿음 없는 자들의 행렬, 바보들로 넘쳐나는 도시
어디에서 의미를 찾을까?
오, 나여! 오, 생명이여!"

대답은, 네가 여기에 있고 너에게 주어진 삶이 있다는 것
화려한 연극은 계속되고 너 또한 한 편의 시가 된다는 것이다.
여러분의 시는 어떤 것이 될까?

(키팅 선생님이 책상 위로 올라선다.)

내가 왜 이 위에 섰는지 이유를 아는 사람?
크다는 기분을 알려고요.
아니야, 다음에 보세. 달톤 군

이 위에 선 이유는 사물을 다른 각도에서 보려는 거야.
이 위에서 보면 세상이 무척 다르게 보이지.
못 믿겠으면 직접 올라와 봐.
어서, 어서.

(학생들이 한 사람씩 줄지어 강단 책상 위로 올라선다.)

무언가를 잘 안다고 느낄 땐 그것을 다른 시각에서 봐라.
바보같이 보여도 꼭 시도해 봐야 하는 것이야.
네 자신의 목소리를 찾기 위해 싸우거라.
늦게 시작할수록 찾기 힘들어진다.
서성이지만 말고 주위를 둘러보렴.
과감히 나서서 새 세계를 만나라.

인정받는 것도 중요하지만 자신의 신념도 존중해야 해.
남이 나를 흉보든 욕하든 말이야.
로버트 프로스트는 말했다.
숲속에 난 두 갈래 길 중 인적이 드문 쪽을 택했고 모든 게 달라졌다고.
여러분도 각자의 길을 가라.
걸음걸이도 방향도 각자가 선택해라.
당당해도 좋고 우스워도 좋다. 주저하지 말고 맘대로 걸어 보렴.
흐름에 역행하라.

구구절절 옳은 말이다. 알지만 못한다. 왜일까? 믿음이 부족하거나 용기가 없거나 둘 중 하나일 터이다. 노예 생활이 견딜 만하다면 앎도 흐릿해진다. 나의 생각, 나의 의지, 나의 바람을 하나씩 둘씩 포기하다 보면 어느새 나는 영영 행방불명이 되고 만다. "내가 어디 있지?" 하고 깨닫고 난 뒤는 이미 너무 늦은 때이기 쉽다. 늙어서 찾아 나설 기력이 없거나, 더 많은 주인들이 나를 묶어 두었을지도 모른다. 도저히 탈옥이 불가능한 지경이라면 감옥은 그대로 무덤이 될 수도 있다.

같은 길도 갈 때 보이는 풍광과 되돌아 올 때 보이는 풍광이 다르다. 고은 시인은 "내려갈 때 보았네. 올라갈 때 보지 못한 그 꽃"이라고 노래했다. 조금만 고개를 돌려도 전혀 다른 하늘, 다른 물색이 펼쳐져 있음에 놀랄 때가 있다. 수행의 계절은 '나'를 보고자 한 발짝 물러나 본 시간이었다. 그리고 남에게 비추어지는 모습이 아닌 '내가 보는 나의 삶'이 어떠해야 하는지를 궁구한 시절이기도 하다. 왼쪽에서, 오른쪽에서, 위에서, 그리고 아래에서 나를 쳐다보았다.

성소은이라는 행성 밖에서 들여다보는 우주는 광활하기만 하다. 넓은 곳에서 바라다보니 덩달아 마음도 커지는 듯하다. 파랑이 파랑으로 보이고, 초록이 초록으로 보이니 이제야 조금 눈을 뜨게 되었는지 모르겠다.

"오, 캡틴! 마이 캡틴!"

비에 젖은 종이는 내려놓고
학만 날아간다

인간은 태어나면서 사람이라는 '종이 옷'을 입는다. 울음으로 세상에 나왔음을 선언한다. 어둡고 좁은 통로를 빠져나오는 것은 목숨을 거는 일이다. 낳는 사람이나, 나오는 사람이나 모두에게 극심한 충격이고 고통을 동반하는 일이다. 삶은 그렇게 절규하면서 시작된다. 백 년도 보장하지 못하는 불안정한 '몸'을 받고자 목숨을 걸면서 이 세상에 태어나는 것이다. 사는 일은 제2, 제3 끝도 없이 나타나는 어두운 터널의 연속이다.

행복이 사는 곳, 우리 마음은 어둠에 익숙지 않고 내구성도 좋지 않다. 마음이란 얼마나 찢어지기 쉽고 상처받기 쉬운가. 종이 몸은 꿰매고 덧댈 수도 있지만 마음은 바느질도 안 된다. 허공 같은 마음을 주체하려면 하늘을 나는 법을 배울 수밖에 없다. 새처럼 날 수만 있다면 그대로 천국이지만 날 줄 모르면 태산의 무게로 짓누르는 돌덩이가 되는 것이 마음이다. 정체도 없는 것이 고약하다. 그림자처럼 따라다니는 마음과 얼마나 사이좋게 지내는지가 행불행의 관건임에 틀림없다. 기왕에 사는 일, 행복하면 좋겠다. 아니 행복해야 한다.

붓다는 이 세상을 고해^{苦海}라고 말했다. 힘들게 태어났는데 늙고 병들고 결국에는 죽음이 기다리고 있다. 원하는 것을 갖지 못하니 괴롭고, 사랑하는 사람을 만나지 못하니 괴로우며, 미운 사람을 보고 살아야 하니 또 괴롭다. 산다는 것은 고통의 바다를 헤엄치는 것 같다고 비유하셨다.

경전은 또 다른 비유를 들어 말한다. 법화경^{法華經} 방편품^{方便品}은 우리네 삶을 불난 집〔火宅〕이라고 한다. 한 부자가 살았는데, 하루는 큰 불이 일어나 집이 불타고 있었다. 그러나 집 안에는 자식들과 많은 사람들이 집에 불이 난 줄도 모르고 놀이에 빠져 있었다. 유희에 정신을 못 차리는 아이들은 불이 났다고 해도 믿으려 하지 않았다. '화택'은 비유다. 믿으려 하지 않는 아이들을 장난감을 방편 삼아 불타는 집에서 구해 냈다고 한다.

우리들 인생은 어떠한가? 이는 활활 불이 붙어 집이 타오르고 있는데도 우리가 욕심과 번뇌로 정신을 가누지 못하고 있다는 경책으로 들린다. 정신없이 살지 말고 불난 집에서 나오라는 복음이다.

누구나 행복하기를 원한다. 종교를 갖는 것, 결혼을 하고 가정을 꾸리는 것, 공부를 하는 것, 운동을 하는 것, 이 모든 것들이 결국에는 '나의 행복'을 위한 것이다. 행복해지고자 교인은 매일 새벽예배로 하루를 시작하고, 불자는 힘든 백팔 배를 기쁨으로 한다. 두 종류의 신앙인들은 저마다 예수님을 그리고 부처님을 멘토로 삼으며 이웃 사랑과 착한 삶을 다짐하고 감사하는 인생을 살겠다고 아멘 하고 합장을 한다.

그런데 이런 신실한 기독교인과 불자가 인구의 반을 차지하는데도 대한민국은 잠시도 조용할 날이 없다. 한 몸인 '이웃'을 나와 다르다는 이유로 주저 없이 정죄하고 공격 대상으로 삼는다. 이런 부조화 속에서는 아무리 사랑을 말하고, 통성 기도를 한다 해도 행복은 요원해질 수밖에 없다.

'예수님이라면 어떻게 하셨을까?'

누구나 평화롭고 행복하게 살고 싶어 한다. 선한 의지에 바탕을 둔 사랑이어야 궁극적으로 행복해질 수 있다. 욕심을 내려놓고 내가 없는 사랑을 하는 것이다. 이는 복음성가가 '리바이벌revival'로 노래하는 내용이다. 어떻게 이럴 수 있을까? 먼저 남을 지적하는 손가락을 거두어 자신의 내면을 가리켜 보면 어떨까. 회광반조回光返照다. 자기 마음을 돌아다보기. 나와 내 것만 부둥켜안고 있는 꽁꽁 얼어붙은 마음에 날개를 달아 주는 것이다.

이것이 수행이고 수행은 마음 다스림이다. 마음을 보면 행복의 근원을 찾게 된다. '행복'이 종교 이전의 문제인 것처럼 '수행'도 그러하다. 부모에게 효도하고 어른을 공경하는 것이 사람 된 도리이 듯이 수행은 무색, 무취, 무향의 당연한 인간의 도리이다.

또한 수행은 '사람 되는 연습'이다. 참사람 되는 길에 종교가 벽이 될 수는 없는 일이다. 종교가 있다면 험난한 길에 힘이 되고 격려가 되어야 한다. 상생하는 신앙일 때 이 땅에 '하나님의 나라'가 임하기 때문이다.

선불교와 참선은 내가 선택한 '방편'이었다. 내 삶의 의미를 궁구하고 흔들리지 않는 마음의 행복을 찾고자 했을 때 그 어떤 것보다 선불교의 도그마(敎義)가 나를 화택에서 나오게 했으며, 참선을 하면서 언제나 내 안에 계시던 '참하나님'을 만날 수 있었다. 참선은 행복으로 직행하는 지름길이었다.

수행은 수행일 뿐 여기에 어떤 색깔의 옷도 입히면 안 된다. 수행은 회색 옷의 전유물도 아니며 보혈의 빨간 옷에 반하는 것도 아니다. 불자도 해야 하는 일이고, 기독교인도 해야 하는 일이다. 매일 세수하고, 방을 닦고, 밥을 먹듯이 일상에서 '해야 할 일'일 뿐이다.

참선은 침묵이다. 참선은 묵상이다. '잠잠해' 마음의 소음을 가라앉혀야 '복음'을 들을 수 있다. 가톨릭 사제인 토마스 머튼 Thomas Merton 은 "침묵으로 성인들이 성장했고, 침묵에 의해 하느님의 능력이 그들 안에 머물렀으며, 침묵으로 말미암아 하느님의 신비가 그들에게 알려졌다"고 고백한다.

예수님은 말씀하셨다. "마음이 가난한 자는 복이 있나니, 하늘나라가 그의 것이요"(마태복음 5:3)라고. 바로 이 '가난한 마음'을 회복하는 것이 침묵이며 참선이다. 비에 젖어 눅진하고 거추장스러운 종이옷을 훌훌 벗게 하는 것이 참선이다. 매일 닦아, 매일 욕심의 옷을 벗어 가벼워져야 한다. 홀가분하게 '가난한 마음의 학'이 되어 훨훨 날면서 살 수 있으면 얼마나 좋을까? 어렸을 때 두려움의 대상이었던 죽음은 이제 '대 희망'이 되었다. 영원히 종이옷을 벗고 큰 희망으로 거듭날 때까지 '가난한 마음' 하나 안고 살아갈 수 있으면 좋겠다.

앞으로 이어질 인생 수업은 '자율학습'이다. 때린 곳은 또 때리면 안 되지만 닦은 곳은 또 닦아야만 한다. 매일같이, 순간 마디마디마다.

에필로그

"사이좋게 지내심이 옳습니다"

한국은 동네에 편의점이 한 개인데 교회는 한 집 건너 혹은 아래 위 층으로 줄줄이 있다. 목욕탕보다 피시방보다 교회가 더 많다. 일 년에 50여 회 반복되는 '주일'마다 이 교회들은 꽉꽉 들어찬다. 주변 교통은 마비된다.

절도 크게 다르지 않다. 교회가 도심을 장악하고 있다면 절은 산을 접수한 지 오래다. 산마다 계곡마다 명당이란 명당은 절집이 차지하고 있다. 초하루, 초파일, 수능 전날이면 절벽 위에 아슬아슬하게 걸쳐 앉은 암자에까지 불자들로 넘쳐 난다.

이렇게 신실하게 믿는 사람들이 많은데, 서로 앙숙이다. 불화가 그칠 줄 모른다. 믿음이 강하다는 사람일수록 배타성도 비례한다. 왜 이렇게 되었나? 예수님이고 부처님이고 다들 둘째가라면 서러울 만큼 좋은 분들인데 '팬들'은 왜 이리 서로 잡아먹지 못해 안달이란 말인가. 남의 집에 불을 지르고, 구둣발로 무단 침입을 하질 않나, 잘못돼도 크게 잘못되었다.

그래서 교회 집사에서 절집 스님이 되어 살아 봤다. 양가兩家를 오가며 경험해 보니 보이는 게 있었다. 예수님의 주력 상품인 '사랑'과 부처님의 야심작인 '자비'가 둘이 아니라는 것이다. 그런데 사람들은 이것을 모른다. 무식한데 용감하기까지 하니 부딪힐 수밖에······.

우리나라의 종교 갈등은 민사도 형사도 아닌 오직 조정調停, 화해和解로만 문제 해결이 가능하다. "성도 여러분! 여러분들은 이란성 쌍둥이, 다른 말로 한 형제입니다. 그러니 사이좋게 지내심이 옳습니다"라는 판결문을 쓰기로 했다.

나는 한국인이다. 내게 별로 해 준 것은 없지만 조국이기에 한국을 사랑한다. 그런데 조선시대나 사이버시대나 할 것 없이 앓고 있는 고질병이 있다. 쏠림병이다. 한쪽만 보고, 한쪽만 옳다고 주장하며 상처를 내며 싸워 댄다. 역사상 수많은 고통과 상실이 있었음에도 나아질 줄 모른다. 이런 치우침을 바로잡을 수 있는 처방전은 학문을 넓히는 사람 되는 '교육'이고, 정신을 고양하는 '종교'이다. 절망적인 현실은 이 약들이 제 기능을 다하지 못하고 있다는 것이다.

성공 제일주의를 지상 목표로 삼은 교육의 병폐는 차치하더라도 안식과 평화를 주어야 할 종교도 점입가경이다. 이제는 정부까지 가

세하여 편을 가르고 있다. 반 토막 난 조그만 땅에 평화 통일을 이루어도 부족할 판에 좁다란 반쪽 안에서도 서로 가르고 반목하느라 조용할 날이 없다.

무엇을 위한 종교인가?

언제부터인가 한국 사회에서 종교는 정치 성향에 버금가는 민감한 요소가 되었다. 기독교인과 불자가 인구의 절반을 차지하는 '영적'인 나라에서 두 종교 간의 반목과 갈등은 위험 수위에 이르렀다. 사랑과 자비는 이음동의어異音同義語인데 물과 기름처럼 느껴진다. 상대 종교에 대한 배타성의 강도가 자신의 믿음을 지키는 척도가 되고, 서로를 알지 못하니 편견이 정견 행세를 하고 있다. 예수님도, 부처님도 안타까워할 지경이다. 종교가 제 역할을 다하지 못하고 오히려 사회를 불안하게 하는 '문제아'가 되었다. 도를 넘은 갈등을 불구경하듯 방관할 수는 없는 일이다.

현대사회에 만연하고 있는 고통과 위기 상황에서 종교는 해야 할 일이 있다. 불의가 아닌 정의에 앞서고 성장이 아닌 나눔으로 평화롭고 자비로운 세상을 만드는 일이다. 험난한 세상에 바른 길을 내는 일은 혼자서는 어렵다. 종교 간 화합이 긴요한 까닭이다. 이웃 종교와 손을 맞잡고 나아갈 때라야만 참된 하나님의 나라가 실현될 것이다. 타 종교인은 같은 길을 가는 동역자이다.

'판도라 상자'가 되어 버린 종교문제는 이제 민감할 대로 민감해져 비상한 소리도 못한다. '빨간색'만큼이나 조심조심 터부시 해야 한다. 시간이 없다. 더 이상 이 혼선을 방관하고 뒷전으로 해서는 안 된다. 그래서 나섰다. 툭 터놓고 한번 이야기해 보자고, 먼저 말을 걸어 보련다. 문자도 하고, 카톡도 하고, 트위터, 페이스북 등 온갖 수단을 동원해 화해할 때까지, 아니 상대방을 '있는 그대로' 인정할 수 있을 때까지 계속 문자를 날릴 것이다.

사랑 '빼기' 자비가 아니라 사랑 '더하기' 자비의 삶을 살 수 있다면 어떨까? 교회 대신 절에 나가 기도하는 옆집 이웃은 사탄이 아니다. 예수님 보시기에 그분 또한 '왕 같은 제사장'이다. 우리 기독교인이 체험하고 누리는 기쁨이 있듯이 불자들이 경험하는 희열과 자유가 있다. 외면하지 않고 소통할 수 있다면 얼마나 좋을까. 기쁨은 배가 되고 삶은 한층 더 풍성해질 것이다. 상대 종교를 이해하는 것은 결국 나를 위하는 길이 된다. 우물 안 개구리가 아닌 바다를 헤엄치는 고래가 되는 것이다.

예수님도 당부하셨다. "서로 사랑하라." 이웃은 물론이거니와 원수도 사랑하라고 하셨다. 간단하지만 이런 사랑의 실천, 아무나 할 수 있는 게 아니다. 대번에 모두를 품는 것이 어렵다면 우선 나부터 사랑하기로 하자. 믿는 사람, 믿지 않는 사람으로 나누어 재단하는 바깥일을 잠시 멈추고, '나는 잘 믿고 있는가' 먼저 내 살림을 돌아

보는 것이다.

'종교란 무엇인가?'

'나는 누구인가?'

'어디서 와서, 어디로 가는 것인가?'

'왜 사는가?'

살면서 수도 없이 반복되어 왔던 문제이다. 문제는 보이지만 답은 숨어 있다. 성경 속에, 경전 속에. 물소리와 바람결에……. 정답을 찾는 것은 각자의 몫이다. 만약 이런 질문에 흔쾌히 모범답안을 대지 못한다면 남보다 나를 보살펴야 할 때라는 신호이다. 밖으로 나가는 '전도' 대신, 안으로 들어가는 '기도'가 필요한 시간일지 모른다. 내면을 통해 울리는 하나님의 음성을 들으려면 잠잠해야 하기 때문이다. 예수님도 말씀하셨다. "너희는 잠잠히 있어 내가 하나님 됨을 알지어다."(시편 46:10) 우리의 삶은 '나'를 내려놓고 '하나님'의 음성을 듣는 시간을 먹으며 자라난다. 어린아이가 잠을 잘 때 자라듯 사람은 기도를 통해 익어 가고 성숙해진다. 통성 기도만이 아니라, 경건한 침묵의 기도다.

이 글은 기독교와 성공회, 선불교를 아우르며 진리와 자유라는 두 마리 토끼를 찾고자 했던 한 영혼의 영적 여행서다. 취미나 여가용이 아니다. 턱밑까지 차오른 물음으로 생업을 접고 본격적으로 나선 출가와 환속의 과정이다. 크리스천을 위한 출가 간증이며, 두 종교 간의 화해를 증명하기 위해 환속한 이야기이다.

 인생을 걸고 직접 삶으로 체험했던 나의 고백이 기독교인에게는 기독교인으로서, 불교인은 불교인으로서 각자의 신앙을 되돌아보게 하고, 나와 남의 종교에 대한 이해를 새롭게 할 수 있기를 소망한다. 간절하게 각자가 하나님을 만나고, 불성을 보아 서로 조화롭게 트인 삶을 살 수 있기를 바라는 염원을 담아 이 글을 써내려 왔다. 대수롭지 않은 나의 경험이 혹시 누군가의 헝클어진 마음에 빗질이 된다면 더할 나위 없이 기쁠 것이다.

녹명鹿鳴의 변

 살면서 거듭 확인하게 되는 진리가 있다면 모든 것은 변한다는 사실이다. 꿈도 변하고, 사랑도 변하고, 자연도 변한다. 나의 이름이 변했듯이 내 꿈도 함께 변해 왔던 것 같다. 언제부터인가 외적으로 이루는 꿈 대신 내면으로 성취할 수 있는 꿈을 꾸게 되었다. 사후영생이 아니라 '영원한 지금'을 사는 것이다.

 순간순간 진리 안에서 자유하기다. 불교적으로 표현하면 욕망과 고통의 정념이 꺼진 상태, 니르바나(涅槃)다. 고대 그리스의 에피쿠로스학파가 지향하던 아타락시아^{ataraxia}, 스토아 철학자들이 추구하던 아파테이아^{apatheia}에 이르는 것, 그것이 내가 소망하는 꿈이다.

이제 어디론가 떠나는 일은 없을 것이다. 지금 이곳에서 꼭 사슴처럼만 살 수 있기를 애쓰려 한다. 나를 아는 사람이 되고자 했으니 이제는 천천히 자연으로 되돌아가는 연습을 할까 보다. 봄 여름 가을 겨울에 나를 비추며, 자연에서 배우고자 한다. 내게 삶은 기다림이고 설렘이다. 바늘에 실 꿰는 일에도 온 마음을 다하며 사는 일, 그것이 남은 일이다.

나는 이제 나를 '녹명鹿鳴'이라 부른다. 다른 이가 '이렇게 살으렴' 하고 지어준 이름 말고, 내가 스스로 다짐했던 나를 살고자 함이다. 사슴은 풀밭에서 먹이를 발견하면 혼자서 먹지 않고 '우우' 하고 큰 소리를 낸다. 함께 먹자고 주변에 있는 사슴들을 모으는 것이다. 사슴에게 배운다. 더 많이 가지려 하는 대신 더 많이 나누며 살고자 한다면 훨씬 행복할 수 있지 않을까? 모름을 익혀서 남 주고, 빵 한쪽도 나누어 먹자고 나도 "유유呦呦" 사슴 소리를 내며 살고 싶다. 보잘 것 없는 이 글도 이런 나의 염원의 일단을 실천하기 위한 첫 발걸음인 셈이다. 이 울림을 듣고 많은 이들이 모여 조금이나마 허기를 채울 수 있다면 이보다 더한 기쁨은 없다.

우우 사슴이 기쁜 소리를 낸다.	呦呦鹿鳴
들판의 금풀을 뜯으며	食野之芩
나 반가운 손님 맞아	我有嘉賓

거문고를 타고 생황을 부네.　　　　　　鼓瑟鼓琴
거문고 타고 생황 불며　　　　　　　　鼓瑟鼓琴
함께 즐거워하리.　　　　　　　　　　和樂且湛
잘 익은 술 있어 잔치 베푸니　　　　　我有旨酒
손님의 기쁜 마음　　　　　　　　　　以嘉樂嘉賓之心
　　　　　　　　　　　　　－「녹명鹿鳴」, 『시경詩經』

부록

기고문-선방에서 만난 하나님
함께 읽으면 좋은 책

기고문

선방에서 만난 하나님*

25년간 교회 담장 안에서 예수님을 찾았던 긴 시간을 뒤로하고 '절寺'에 발을 들여 놓았다. 이러한 '외도'의 계기는 그곳에서 하나님의 부재를 실감하면서부터였다. 많은 교회들이 이미 제 기능을 포기하고 구성원의 이기심과 욕망을 충족하는 자위 활동을 통해 남을 정죄하는 비정한 재판소가 되어 버렸기 때문이다. 행방불명이 된 예수(진리)를 찾아 나는 교회 문을 나와야 했고, 나의 여행은 그렇게 시작되었다.

1년 전 화계사 국제선원의 선원장으로 계신 현각 스님과의 만남이 있었다. 그분을 거울삼아 다름 아닌 "'내'가 곧 길이요, 진리요,

---

● 이 글은 2005년 화계사 국제선원의 동안거 참가 수기로 「화계법보」(2005. 2. 28일자)에 실렸던 것이다. 당시 에피소드와 심경을 잘 드러내고 있어 부록에 싣는다.

생명"임을 자각하면서 나의 여정은 180도 방향을 급선회하는 전환기를 맞았다. '밖'이 아닌 '안'으로의 여행, 그 길만이 진리 안에서 자유하게 되는 유일한 통로임을 알게 되면서 나는 '지름길'을 택했다.

3개월 집중 참선 수행!

90일간 한결같은 일정 속에서 '나'를 바라보는 시간이다. '남'을 바라보고, '돈'을 바라보는 물질 세상과는 사뭇 다른 아니 전혀 다른 코드의 세상이다. 이른 기상시간을 비롯해 묵언과 매일 같은 옷 입기, 종일 벽 보고 앉아 있기 등, 결제란 또 다른 단순한 일상의 반복이기도 하다. 그런데 놀라운 것은 이러한 극도의 절제된 환경과 공동 수행이 처절하게 '나'라는 허상의 껍질을 벗겨 낸다는 것이다. 일체유심조一切唯心造라고 했던가.

또 하나 좋은 말이 있다. 불이不二!

너와 내가 둘이 아니고, 중생과 지자智者가 둘이 아니라는 말 아닌가. 내가 그리도 찾던 하나님이 다른 데 계신 분이 아니라는 이야기다. 이렇듯 나 혹은 내 마음이라는 것의 실체를 앎으로써 그것으로부터 자유할 수 있게 되는 것이다. 이런 것을 '글자' 아닌 '내 몸의 세포 하나 하나'로 실감하게 되는 것, 그것이 안거安居라고 말하고 싶다.

어찌 보면 제일 쉬운 일이기도 하고, 제일 심심한 일이기도 하다. 너무 단순해서 복잡하게 여겨지는 듯 싶다. 복잡하게 살아온 우리의 습習은 장애일 뿐이다. 3개월 안거를 마쳤다고 하면 주변 사람들에게 '대단하다'는 인사를 받곤 한다. 머쓱하고 곤란해지는 인사이다. 그냥 해야 할 일을 한 것뿐인데…….

왜냐하면 수행修行이란, 뭔가 특별한 것이 '전혀' 아니기 때문이다. 그저 각자의 행위를 닦아서 좀 더 '사람다운 사람'이 되고자 하는 것에 다름 아니다. 아름다운 것은 개인의 깨달음에 머물지 않음이다. 부처님이, 예수님이, 그리 많은 성인들이 보여주셨던 삶. 깨달아 자신을 이해하고 힘들어 하는 뭇 타인에게 손을 내미는 것. 이것이 우리네 '사람의 길'이라고 믿는다.

분주했던 마음을 빗겨 주시고 곧은 길을 가르쳐 주신 현각 스님께 깊이 감사드린다. 더불어 도반으로서 함께 수행할 수 있었던 국제선원의 스님들과 국내외의 여러 도반들, 이 모두가 나의 진정한 스승이며 거울이 되었다. 함께 수행할 수 있게 된 인연에 감사드린다.

나는 이렇게 하안거와 동안거를 거치면서 선방에서 하나님을 만났다. '하나님'은 나와 세상이 둘이 아니라고 하셨다. 아니, 들은 것이 아니라 그렇게 보여주시고 자각하게 하셨다. 내가 새가 되기도 하고, 나무가 되기도 하고, 꽃이 내가 되기도 했다. 황홀한 합일감이고, 깃털 같은 가벼움이고, 꽉 찬 충만함이다.

성경 말씀이 떠올랐다. 우주 만물에서 나를 볼 것이라는 주님의 말씀. 그리고 눈 있는 자는 볼 것이고 귀 있는 자는 들을 것이라는 말씀도 기억이 났다. 감춰져 있는 비밀은 하나도 없었다. 이미 세상에 모든 것을 드러내 보여주고 있었다. 보려 하지 않고 들으려 하지 않는 '욕심은 많고 지혜는 없는' 우리의 어리석음이 가로막고 있을 뿐이었다. 진리는 저 깊은 산속 어딘가, 다른 나라에 보물처럼 숨겨져 있는 것이 아니었다. 눈앞에, 코 밑에, 서 있는 발 아래에 지천으로 펼쳐져 있는 것이다. 솔직하고 담박한 아이의 눈처럼. 노자老子는 이것을 '다듬지 않는 통나무〔樸〕'에 비유했고, 선승은 '뜰 앞의 잣나무'라 답한다. 맞다, 차나 마시자!

　어느 외국인 스님이 다이내믹한 한국의 종교 현상을 두고 '한국은 종교 밥상'이라고 표현한 적이 있다. 여러 나라들이 국교라는 형태로, 혹은 오랜 전통으로 자연스럽게 종교 단일화를 이루고 있는데 반해 한국에는 전통 샤머니즘을 시작으로 불교, 기독교, 천주교, 종주국이 되어 수출까지 하고 있는 통일교, 그 외에 크고 작은 여러 소수 종교에 이르기까지 실로 다양한 종교들이 혼재해 있다. 그분에게는 이런 한국이 많은 종교를 맛볼 수 있는 가능성과 다양성을 겸비한 흥미로운 나라로 비춰졌던 것이다. 그런데 실상은 어떤가? 주일마다 초하루마다 교회와 사찰은 차려입은 사람들로 문전성시를 이루며 곳곳에서 하나님을 부르고, 부처님을 찾는 '신실한' 사람들로 넘쳐나는데 우리 사회는 점점 강퍅해지기만 한다. 사랑과 자비는 행방불명이 된 지 오래다.

　혹시 '덮어놓고 믿는' 신앙 때문에 하나님을 만나지 못하고, 성불하지 못하는 것은 아닐까? 나만 옳다, 내 종교만 옳다는 우물 안 개구리 식의 '믿음'을 놓을 때 '하나님'은 당신의 모습을 드러내어 주신다.

우리는 세상에서 잘 살기를 원한다. 떵떵거리며 보란 듯이 살기를 원한다. 그것을 출세라고 믿는다. 말은 하나님을 믿는다고 하지만 실제는 돈을 믿는다. 돈이 있어야 든든하고, 돈이 있어야 기가 죽지 않고, 돈이 있어야 살맛이 난다. 돈이 신이다. 돈 때문에 기도하고, 돈 때문에 순교하고, 돈 때문에 사랑하고, 돈 때문에 배신한다. 교회는 이런 출세를 장려한다. 하나님께 영광 돌리는 일이라며 부추긴다. 그래야 건물을 한 평이라도 늘릴 수 있을 테니 말이다. 거짓 목사님한테 속지 않을 만큼은 지혜롭고 싶다. 양의 탈을 쓴 늑대, 하나님은커녕 자기 자신에 대해서도 모르는 눈먼 봉사가 득실거리기 때문이다.

진정한 출세出世를 원한다면 자기를 돌아보아야 한다. 구름 걷힌 맑은 하늘이어야 나의 참 모습과 새로운 세상과 '진짜 하나님'을 볼 수 있기 때문이다. 써도 써도 줄지 않는 보물을 소유할 수 있기 때문이다.

헌금을 내는 사람이건, 불전을 내는 사람이건 내고 싶은 곳에 후하게 베풀면서 더불어 한바탕 '사이좋게' 살아갈 수는 없는 것일까.

예수처럼, 붓다처럼 그렇게 살 수는 없을까…….

함께 읽으면 좋은 책

❖ 단정한 마음가짐과 올바른 신앙 생활을 돕는 지침서 ❖

종교 바로 보기

틱낫한, 『살아계신 붓다, 살아계신 그리스도』, 한민사, 1997
이찬수, 『불교와 그리스도교, 깊이에서 만나다』, 다산글방, 2003
오강남·성해영, 『종교, 이제는 깨달음이다』, 북성재, 2011
오강남, 『종교, 심층을 보다』, 현암사, 2011
폴 니터, 정경일·이창엽 옮김, 『붓다 없이 나는 그리스도인일 수 없었다』, 클리어마인드, 2011

불교 바로 보기

오강남, 『불교, 이웃 종교로 읽다』, 현암사, 2006
장 프랑스아 르벨·마티유 리카르, 이용철 옮김, 『승려와 철학자』, 이끌리오, 2004

기독교 바로 보기

헨리 나우웬, 김기석 옮김, 『기도의 사람 토마스 머튼』, 청림출판, 2008
오강남, 『예수는 없다』, 현암사, 2001
오강남, 『또 다른 예수』, 예담, 2009
하비 콕스, 오강남 옮김, 『예수 하버드에 오다』, 문예출판사, 2004

토마스 G. 핸드, 이희정 옮김, 『동양적 그리스도교 영성』, 한국기독교연구소, 2004
폴 니터, 유정원 옮김, 『종교신학입문』, 분도출판사, 2007
폴 니터, 유정원 옮김, 『예수와 또 다른 이름들』, 분도출판사, 2008

선에 대하여

현각 엮음, 『선의 나침반』, 열림원, 2001
김범진, 『스티브잡스 iMind-세계를 열광시키는 통찰력의 비밀』, 이상, 2010
서산대사, 선학간행회 옮김, 『선가귀감』, 보광사, 불기 2544
고은, 『선』, 김영사, 2011

마음 챙기기

법륜, 『기도-내려놓기』, 정토출판, 2010
류시화, 『하늘호수로 떠난 여행』, 열림원, 1997
에크하르트 톨레, 류시화 옮김, 『NOW-행성의 미래를 상상하는 사람들에게』, 조화로운삶, 2005
오강남 풀이, 『도덕경』, 현암사, 1995
오강남 풀이, 『장자』, 현암사, 1999

수행에 대하여

유상 강설, 편집부 엮음, 『수행은 특별한 것이 아니다』, 도서출판 방하, 2004

수행자에 대하여

헤르만 헤세, 박병덕 옮김, 『싯다르타』, 민음사, 2002

종교를 넘어서

홍세화, 『생각의 좌표』, 한겨레출판, 2009
김상봉, 『호모 에티쿠스-윤리적 인간의 탄생』, 한길사, 1999